世界に学ぶ主権者教育の最前線

「生徒参加が拓く民主主義の学び」

荒井文昭
大津尚志
古田雄一
宮下与兵衛
柳澤良明

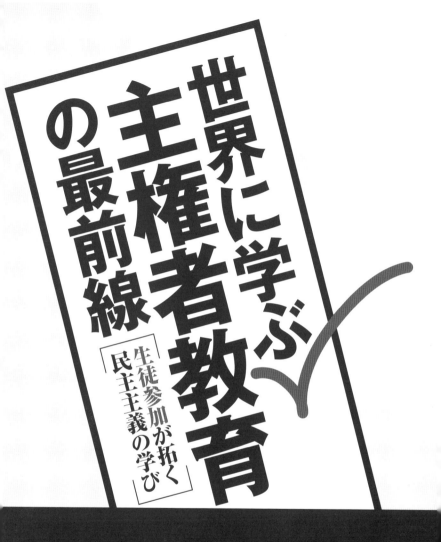

はじめに

教育基本法では、「人格の完成」とともに「平和で民主的な国家及び社会の形成者」つまり主権者の育成を教育の目的としている。主権者教育というと社会科、公民科を中心とした政治的教養、公民的教養の教育と一般的に考えられている。また学校の教員に聞いても、そうした理解の教員が多い。

世界的には「主権者教育」という言葉はなく、それに類似した言葉として「シティズンシップ（市民性）教育」や「民主主義教育」がある。「シティズンシップ（市民性）教育」は、「大学を含む諸学校におけるシティズンシップ教育の目的は、参加型民主主義の本質と実践に関する知識・技能・重要性の定着・強化を図ること、児童・生徒が行動的市民へと成長する上で必要とされる権利と義務に対する認識および責任感を高めること、そして同時に地域ないしはより広い範囲の社会に関わることの個人・学校・社会にとっての重要性を確立することにあります。[1]」と説明されている。

この世界のシティズンシップ（市民性）教育、民主主義教育では、日本の主権者教育で考えられている社会科、公民科を中心とした政治的教養、公民的教養の教育も重要な教育と考えられているが、そうした知識中心の教育ばかりでなく、学校や地域の中で民主主義的な体験によって民主主義を支える市民を育てていく教育として考えられている。

この本では、アメリカ、フランス、ドイツ、ニュージーランドのシティズンシップ教育、民主主義教育がどのように行われているのか、特に学校運営や地域づくりに生徒たちが参加することによって市民に育っていく教育はどのように行われているのか、各国の教育の研究者たちによって報告されている。

日本の若者と比較して、欧米の若者たちは国連のアントニオ・グテーレス事務総長が「技術変革や気候変動対策、包摂性、社会的正義を推し進めている」[2]としているように主権者意識、シティズンシップが大変高い。この違いはどのような教育の違いによって生まれているのか考察していきたい。特に生徒の参加による主権者教育、シティズンシップ教育の報告と比較検討を通して、日本の主権者教育への提言を行っていきたい。

なお、本書の一部は「月刊高校教育」において2020年から2022年にかけて連載された「世界の実践に学ぶ　生徒参加の主権者教育」をもとにしたものである。

2023年3月

宮下　与兵衛

(1)　英国教育省のシティズンシップ教育のための諮問委員会のレポート（1998年、通称：クリック・レポート）より

(2)　2018年9月24日発表。この中で「若者の権利や市民的、政治的参画を確保するよう努める」としている。

目次

第5章 ニュージーランド 荒井文昭

主権者として学校運営に加わる生徒たち

※各章末の学校体系図は、主に文部科学省ホームページ「諸外国の教育統計」令和4(2022)年版等を参照して作成。

第1章

日　本

日本の生徒参加による主権者教育は今

宮下与兵衛

教育基本法は2006年に「改正」されたが、その第1条で教育の目的として、「教育は、人格の完成を目指し、平和で民主的な国家及び社会の形成者として必要な資質を備えた心身ともに健康な国民の育成を期して行われなければならない。」としている。「人格の完成」とともに「平和で民主的な国家及び社会の形成者」つまり主権者の育成が教育の目的であるとしているのである。この「主権者の育成」つまり「主権者教育」については研究者や現場の教員の間では早くから議論されてきていたが、文部科学省（以下、文科省）が「主権者教育」と銘打ってその推進を通知したのは、18歳選挙権実施に伴う2015年からである。

この文科省の通知以前に、経済産業省と総務省がそれぞれつくった研究会による報告書が発表されているが、いずれも日本の若者の選挙での投票率などが低いことを指摘して、シティズンシップ（市民性）教育や主権者教育によって主権者意識を高めていくことを提起している。

ここでは、日本の主権者教育の現状と効果、少数ながら実践されている生徒参加による主権者教育の紹介、そして生徒参加による日本の主権者教育の課題について考えていきたい。

1　日本の主権者教育に関する提言と若者の実態

(1)　日本の主権者教育に関する提言

①　経済産業省「シティズンシップ教育と経済社会での人々の活動についての研究会」の「シティズンシップ教育宣言」（2006年）

経済産業省がつくった研究会は、２００６年に「シティズンシップ教育宣言」を発表した。「成熟した市民社会が形成されていくためには、市民一人ひとりが、社会の一員として、地域や社会での課題を見つけ、その解決やサービス提供に関する企画・検討、決定、実施、評価の過程に関わることによって、急速に変革する社会の中でも、自分を守ると同時に他者との適切な関係を築き、職に就いて豊かな生活を送り、個性を発揮し、自己実現を行い、さらによりよい社会づくりに関わるために必要な能力を身につけることが大切だと考えます。[1]」とし、そのためのシティズンシップを、「多様な価値観や文化で構成される社会において、個人が自己を守り、自己実現を図るとともに、よりよい社会の実現に寄与するという目的のために、社会の意思決定や運営の過程において、個人としての権利と義務を行使し、多様な関係者と積極的に（アクティブに）関わろうとする資質[2]」と定義した。シティズンシップなしには成立しえない分野は、(a)公的・共同的な活動（社会・文化活動）、(b)政治活動、(c)経済活動であるとし、このシティズンシップを発揮するために必要な能力である(ア)意識、(イ)知識、(ウ)スキルを身に付けるための教育がシティズンシップ教育で、その普及が求められているとした。

②　総務省「常時啓発事業のあり方等研究会」の「社会に参加し、自ら考え、自ら判断する主権者を目指して～新たなステージ『主権者教育』へ～」（２０１１年）

総務省がつくった研究会が２０１１年に発表した報告書では、若者の投票率の低さの原因には学校教育があるとして、教育基本法第14条第1項で、「良識ある公民として必要な政治的教養は、教育上尊重されなければならない」とされているにもかかわらず、「学校の政治教育には過度の抑制が働き、十分に行われてこなかった」ので、「我が国の学校教育においては、政治や選挙の仕組みは教えるものの、政治的・社会的に対立する問題を取り上げ、政治的判断を訓練することを避けてきた」として、政治的リテラシーを身に付けていけるような主権者教育である「社会参加に必要な知識、技能、価値観を習得させる教育の中心である、市民と政治の関わりを教えること」「社会に参加し、自ら考え、自ら判断する主権者を育てる教育」を提起した。

③　文科省「高等学校等における政治的教養の教育と高等学校等の生徒による政治的活動等について」（初等中等教育局長通知　２０１５年10月）

文科省は、公職選挙法の改正による18歳選挙権への年齢の引き下げを踏まえ、１９６９年から高校生の政治活動を禁止し、政治教育を規制してきた「高等学校における政治的教養と政治的活動について」（昭和44年10月31日文部省初等中等教育局長通知）を廃止し、２０１５年10月に、「高等学校等における政治的教養の教育と高等学校等の生徒による政治的活動等について」（平成27年10月29日文部科学省初等中等教育局長通知）という通知を出した。

その中で、「習得した知識を活用し、主体的な選択・判断を行い、他者と協働しながら様々な課題を解決していくという国家・社会の形成者としての資質・能力を生徒に育むことを一層期待する中で、政治的中立性を確保しつつ、現実の具体的な政治的事象を扱うことや、実践的な教育活動を積極的に行うことを明確化するとともに、例えば生徒が自分の意見を持ちながら、異なる意見や対立する意見を整理し、議論を交わすことを通して、自分の意見を批判的に検討し、吟味していくこと」の重要性を示した。

④　文科省と総務省の副読本『私たちが拓く日本の未来 ── 有権者として求められる力を身に付けるために』（２０１５年）

文科省と総務省は主権者教育の副読本として『私たちが拓く日本の未来―有権者として求められる力を身に付けるために』を高校生に配布した。そこでは、主権者教育として、(ア)政治に参加する意義や政治が自らに与える影響などを生徒に理解させること、(イ)違法な選挙運動をおこなうことがないように選挙制度を理解させることとし、実践例として、(ア)話し合い、討論の手法―ディベートで政策論争をしてみよう・地域課題の見つけ方、(イ)模擬選挙、(ウ)模擬請願、(エ)模擬議会、をあげている。

⑤ 新科目「公共」による主権者教育

2022年度から高校で必修となった新科目「公共」の目標は、「人間と社会の在り方についての見方・考え方を働かせ、現代の諸課題を追究したり解決したりする活動を通して、広い視野に立ち、グローバル化する国際社会に主体的に生きる平和で民主的な国家及び社会の有為な形成者に必要な公民としての資質・能力を次のとおり育成することを目指す」とし、特に主権者教育に関わっては、「よりよい社会の実現を視野に、現代の諸課題を主体的に解決しようとする態度を養うとともに、多面的・多角的な考察や深い理解を通して涵養される、現代社会に生きる人間としての在り方生き方についての自覚や、公共的な空間に生き国民主権を担う公民として、自国を愛し、その平和と繁栄を図ることや、各国が相互に主権を尊重し、各国民が協力し合うことの大切さについての自覚などを深める。」とした（文科省『高等学校学習指導要領（平成30年告示）解説　公民編』平成30年7月）。

(2) 若者の主権者意識の実態

① 世界的な「行動する」高校生たち

スウェーデンの高校生グレタ・トゥンベリさんの呼びかけた気候変動防止対策を求める「将来のための金曜日」行動が世界の高校生・大学生に広がり、2019年の3月には100万人、9月の国連行動時には1週間で700万人が参加した。また、アメリカでは2018年の銃規制を求める高校生の呼びかけに100万人がデモ行動に参加した。このような活動に、NHKBS1スペシャル「2030　未来の分岐点」第1回（2021年1月）では、「世界の若者たちが社会変革を担う時代を迎えている」と報道した。一方、日本の高校生・大学生にこうした運動について感想を聞くと「デモは怖い」という反応が多く、行動に参加した日本の高校生・大学生は少なかった。

②　主権者意識の低い日本の若者

こうした社会的な行動だけでなく、選挙での投票率も日本の若者は大変低く、OECDの2016年発表によると、日本の18～24歳の投票率は32・6％で、統計にある29ヵ国中最下位で、加盟国平均（65・0％）の半分である。

文科省の調査（2016年）では、2015年度に第3学年以上であった生徒に対する主権者教育は、国公立の97・9％、私立の81・8％が実施しており、2016年度在学生を対象とする計画では、第1学年から第3学年まで9割以上への実施が計画されていた。2016年7月に行われた第24回参議院議員選挙では、全年代を通じた投票率は54・7％に対し、10歳代が46・7％、20歳代が35・6％、30歳代が44・2％となっており、高校生には一定の教育の効果もあったといえるのかもしれない。しかし、2017年衆議院議員選挙の20歳代の投票率は33・9％で、高校で主権者教育を受けた若者たちなのに低い投票率になってしまっているのである。

③　「我が国と諸外国の若者の意識に関する調査」から見えてくるもの

内閣府が定期的に実施している「我が国と諸外国の若者の意識に関する調査」（日・米・英・

独・仏・韓国・スウェーデン）の2018年度の結果では、「自国の政治に関心がありますか」に、日本の若者は「非常に関心がある」「どちらかといえば関心がある」は合計で43・5％である。一番高いドイツ（70・6％）、アメリカ（64・9％）など7カ国の中で日本は最低である。「社会をよりよくするため、私は社会における問題に関与したい」は「そう思う」「どちらかといえばそう思う」合計で42・3％である。これも1位はドイツ（75・5％）で日本は最低である。「将来の国や地域の担い手として積極的に政策決定に参加したい」は「そう思う」「どちらかといえばそう思う」合計で33・3％である。1位はアメリカ（69・6％）で日本は最低である。

ではなぜそうした意識になっているのか。それは同調査の「私の参加により、変えてほしい社会現象が少し変えられるかもしれない」と思うかという質問に対して、一番肯定的なアメリカは「そう思う」「どちらかといえばそう思う」合わせて63・1％という結果で、続いてイギリス、ドイツ、フランス、韓国、スウェーデンと続き、日本は最下位という結果であることが原因と考えられる。

日本の若者は「そう思う」「どちらかといえばそう思う」合計で32・5％に対し、「そう思わない」「どちらかといえばそう思わない」合計で50・9％という回答で、否定的な回答が他国と比較して目立っている。政治に関心がある若者も、「参加しても社会や政治は変わらない」と思うから選挙に行かない。それでは、なぜ日本の若者は「変わらない」と思うのか。また、文科省の呼びかけによる主権者教育実施以前の前回調査（2013年度）と比較しても各回答はさらに否定的になっていることから、主権者教育のあり方について考えなくてはならない。

④「努力しても変わらない」

私は公立と私立の2つの大学の教職科目の授業で、学生に毎年6年間、中学・高校の授業、校則、生徒会活動、「子どもの権利条約を学んだか」についてアンケートをとり意識調査をしてきた。その結果は、多くの学生が学校の校則や授業などを「変えて欲しい」という改善要望をもっていたが、「要望を学校から聞かれたことはない」し、「変わるものだと思ったことはない」と書いていた。

また、「校則を少しでも変えたいと、生徒会役員になった」学生は、そのほとんどが「要求は学校に拒否されて終わった。その理由説明もなかった」と答えていて、「挫折感だけ味わった」という学生もいる。[(3)] 日本若者協議会のアンケートでも、「児童生徒が声を上げて学校が変わると思いますか？」という生徒への質問に、「そう思う」「どちらかというとそう思う」合わせて32％に対して、「そう思わない」「どちらかというとそう思わない」合わせて68％という結果であった。同じ質問に教員も「そう思わない」「どちらかというとそう思わない」合わせて61％という結果であった。[(4)]

上記の私のアンケートでは「子どもの権利条約」について「意見表明権」などの内容まで学んだという学生は1～2割ほどしかいない。こうした学校体験が「参加しても社会や政治は変わらない」という意識をつくっているのではないか、学校や地域で生徒の参加体験をつくっていくことが求められているのではないかと思われる。

2 日本における生徒参加による主権者教育の取り組み

(1) 長野県辰野高校の三者協議会(5)

長野県立の辰野高校では1997年に、学校運営を憲法、教育基本法、子どもの権利条約の精神に基づいて、教職員・生徒・保護者の三者ですすめていくという「学校づくり宣言」を三者であげ、そのための協議の場として「三者協議会」を設置した。

三者協議会は学期ごとに年3回実施され、ここには生徒会やPTAが校則、施設設備、授業などについての改善要望を提出できる。提出された要望は職員会議、生徒会会議、PTA会議にもち帰って検討され、三者協議会で協議されて三者が合意すると、職員会議で承認され実施されることになる。校長は主宰者で、委員は職員会代表3名、PTA代表5名、生徒会代表9名であるが、それぞれから希望者も自由にオブザーバー参加できる。

① 服装の校則の改善

長野県の県立高校では半数が私服通学で、辰野高校でも私服通学であった。三者協議会が発足すると、保護者から「私服はお金がかかるので、制服を望む」「学校の入学式・卒業式や就職試験の

辰野高校の三者協議会の様子

面接で制服が必要」という声が増えていき、また生徒会のアンケートでも全校生徒の3分の2がブレザーの制服を希望した。生徒会執行部は制服希望も私服希望も叶えられる「標準服」を考えた。式典や進路面接以外では私服通学でもよいというものである。

職員会は「本来、服装は自由であるべきで、私服が望ましい」と標準服にも反対を続けた。しかし、「従来のように教職員だけで学校のことを決めるのではなく、三者の話し合いで決めていくことにしたのだから生徒と保護者の要望を尊重しよう」という職員会議の結論になり、標準服に賛成した。

「標準服」が三者で合意されて、職員会議で承認され決定された。生徒会は文化祭でファッションショーを開き、三者で投票してデザインを決め、「標準服」がスタートした。この経過は服装を三者で決めたという点で民主的な決め方であると同時に、制服・私服どちらの着用も可能にした「標準服」そのものも民主的な選択と言える。現代民主主義の課題は、多数決原理で決めることではなく、少数者（マイノリティー）の意見を包摂していくことであり、私服志向の少数者の意向も尊重された。

② アルバイトの校則の改善

辰野高校のアルバイトについての校則は、従来は長期休みのみ許可されていたが、生徒会は三者協議会を通じて平日のアルバイト許可を求めた。ＰＴＡからは平日のアルバイトについても保護者には賛成が多いという発言があり、職員会からは平日については部活動や家庭学習をやらなくなることが心配されるので反対と発言があった。

生徒会は三者の話し合いの過程で当初の要求を変更し、「休日のアルバイト許可を求める」と修正提案して合意された。この協議では、生徒会は指摘された問題点について考え、またアルバイトの必要性や意義などについて発言した。さらに保護者からは「実は、自分の携帯料金くらい自分で払いなさいと言っている」という意見も出て、「アルバイトの問題は家庭の問題として、もっと保護者が真剣に考えないといけない」などの意見も続いた。

職員会議では、アルバイトの校則改定には反対意見が多かったが、「今は厳しいルールがあるが、かなりの生徒がモグリでアルバイトをしていて、保護者も教員も知っている。これでは三者でルールを守っていない状態である。ルールは最小限にして、そのルールを三者できちんと守ることが最も教育的である」という結論に達し、生徒会の提案に賛成した。

三者協議会で生徒会提案をもとに、ルールを破った場合の措置などについても三者で話し合いながら新しいルールをつくり、それが生徒会・ＰＴＡ・職員会で了承されて、新しいアルバイト規定が三者で合意された。また、家庭の経済状態によっては平日のアルバイトも必要な生徒については許可されることが合意された。

この校則問題についての話し合いを通じて、ルールづくりに参加する権利と、できたルールを守る責任とが三者で自覚され、学校文化のレベルアップも図られた。

③　生徒と教師の共同による授業改善

職員会と生徒会は三者協議会を通じて互いに「授業改善」の要望を交わし合うことを決めた。生徒会は全校生徒から授業要望アンケートをとり、それをもとに各教科に対する「授業への要望」をまとめる。生徒一人一人の要望アンケートそのものは教師各個人に対する授業要望（評価）だが、そのまま公表せず教科ごとにまとめる。各教科では生徒会から提出された授業改善要望について教科会で話し合って、各要望項目に対する回答書をつくり、次の協議会で回答する。そして、年度末には回答したことができたかどうかの各教科の反省会をもち、教科としての自己評価を協議会で報告する。教科会での話し合いはチームワークによって専門職性を高める効果がある。

一方、教師側からは生徒の授業態度・家庭学習などについての改善要望書を提出する。生徒会は職員会から提出された改善要望書をプリントして全校生徒に配り、各クラスでこの要望をもとに話し合い、各クラスの学習目標を決めて回答する。また、年度末には生徒会は全校生徒に授業の自己評価アンケートをとり、集計したものを協議会で発表する。こうして、生徒会と職員会の双方から授業改善要望を出し合い、回答し合い、自己評価し合う。

生徒による教師の授業評価制度は、ともすれば生徒という顧客が教師の教育サービスを評価する面があるという批判があるが、この方式では学習権をもつ生徒が教育の専門職である教師とともにお互いに要望を交わし合い共同して授業を改善していくという意義がある。

④ 辰野高校の地域づくり参加(6)

この本のアメリカの章（第2章）で、アメリカの伝統的な市民性教育である、子どもを地域に出してボランティアや地域づくり活動をさせる「サービス・ラーニング」が紹介されているが、辰野高校でもそうした取り組みを続けてきた。

辰野高校では三者協議会の発足と同時に、地域住民が授業を見て、学校づくりと町づくりについて、生徒、保護者、住民、教職員が話し合う「辰野高校フォーラム」を発足させた。副町長や町役場の職員も参加する。始めたのは地域住民からの生徒への苦情が多かったからである。この話し合いで、通学路へのゴミのポイ捨てを批判された生徒会役員は学校から通学駅までゴミ箱を設置してゴミの回収を始め、また、各クラス単位で町のゴミ拾いを続けた。

するとフォーラムで地域住民から「辰野高校の生徒に町の行事に参加してほしい」という要望が出るようになり、生徒会は「地域との連携」を掲げ、町の駅伝や公民館の文化祭に参加していった。また総合学習では町の歴史・地理・産業・伝統文化・防災・町づくりの課題などの学習をすすめた。

住民との話し合いでは、「市町村合併と魅力ある町づくりについて」「パルプ工場跡地利用について」「町立病院の移転改築問題について」「町のゴミ処理と学校のゴミ分別について」「学校統廃合と辰野高校についての住民意識について」などをテーマに話し合いをしてきた。

「市町村合併」については、生徒会が「中学生以上に住民意向アンケートに参加させて欲しい」と要望して実現し、住民の意向で町は合併せず自律でいくことを決め、「自律と協働の町づくり委員会」の委員に生徒会正・副会長も委嘱された。

商業科の生徒は町おこしのために、町内の製菓会社や弁当会社などと共同した生徒のアイデアによる商品開発に取り組んできた。生徒が考え地元製菓会社に製造してもらったお菓子が長野県内のスーパーで販売されてきた。

「フォーラム」で町商工会会長から「辰高生に、さびれた駅前商店街の空き店舗を無料で貸すから、お店を開いてほしい」という要望が出され、最初は商店街活性化のために駐車場でのフリーマーケットなどに取り組み、若者を集めた。そして2012年からは商工会の補助金を得て、「冬の間、家に閉じこもっている一人暮らしのお年寄りたちが集い、お茶を飲みながら話せる場所をつくろう」と高校生によるコミュニティ・カフェを冬期間の土曜日に開店してきた。また商業科の生徒たちは町の施設で町民対象の簿記・パソコン教室を開いて教えてきた。

「フォーラム」では、商店街の店主から「辰高生の活動で店を続ける元気をもらった」と発言があり、生徒会長は「みなさんから褒められたから続けている」と発言し、かつては良くない関係であった生徒と住民が互いにエンパワメント（励ます）し合う関係になっていること、生徒が市民として成長していることが確認された。

三者協議会と「フォーラム」が始まってから10年目の2007年3月の卒業生にとった生徒会アンケートでは、「辰野高校に入学してよかったですか?」に「はい」は73%、「いいえ」は3%、「わからない」は24%、「三者協議会は必要ですか?」に「必要」は70%、「必要ない」は4・5%、「わからない」は25・5%、「社会の主人公としてより良い社会をつくるために活動したいですか?」に「したい」は60・5%、「思わない」は4%、「わからない」は35・5%という結果であった。[7] この結果から三者協議会を必要としている生徒が多いこと、また、主権者意識の高い生徒が6割いることが分かる。

(2) 東京都の私立大東学園高校の三者協議会

東京都世田谷区にある私立大東学園高校は創立時から教育目標に「人間の尊厳を大切にする」を掲げ、平和・人権・民主主義の教育を大切にしてきた学校で、「生徒が主人公の学校」と学校案内に書いている。辰野高校などの見学をしながら準備を重ねて2003年に三者協議会を開始し、「三者の協同でつくる学校」を教育づくりの柱としてきた。[8]

この「三者の協同でつくる」1年間の取り組みの流れは次のようである。

5月　三者交流会　新入生歓迎と三者協議会の学習・体験

6月　二者懇談会　学年ごとにテーマを設定し、生徒と教員が意見交流を行う

7月　三者懇談会　要求の掘り起こしのためにテーマを絞り三者で意見交流を行う
10月　二者懇談会　三者協議会にむけて要求や取り組みについて学年別に意見交流をする
11月　三者協議会　三者から出た要求について協議を行い、結果を確認する[9]

この流れの中に、さらに毎月1回実施する「事務局会議」（三者の代表）があり、教員だけの会議も「三者協事務局担当者会議」（教頭、教務部主任、生徒指導部主任、生徒会顧問団主任、「東和会」という保護者と保護者ＯＢの会の担当主任）が毎週1時間、「拡大事務局担当者会議」（事務局と各学年の代表委員会指導担当教員による）が定期的に実施されていて、全国の三者協議会実施校の中で最も丁寧な運営がなされている。

協議されているテーマは、(ア)施設・設備に関すること、(イ)授業づくりに関すること、(ウ)生活規定（校則）に関することの三分野で、生徒が「学校生活の実感」「参加と意見表明の権利」に基づいて、「意見集約・調査」「報告・交渉」を重ねて学校づくりを前進させる取り組みであると意義づけられている。[10]

このような生徒会の取り組みで三者協議会に校則改善の提案がなされて、数々の校則の改善が三者の話し合いによって決定されてきた。頭髪の「ツーブロック」を例にどのような取り組みがなされたか見てみたい。２０１７年5月の三者交流会に参加した生徒から「ツーブロックはなぜダメなのか」という意見が出され、生徒会は前年度アンケートで「髪型の自由化」について意見集約を行った経緯もあり、生徒会執行部は6月の三者協議会アンケートで規定にあるツーブロック禁止の削除について意見集約を実施。大半の生徒が「規定の削除」を歓迎。月1回実施されている三者による事務局会議で、生徒の声を紹介すると、美容師をしている保護者から専門家として激励の発言もあった。7月の三者懇談会でツーブロックについて活発な意見交流がなされた。この中で生徒会執行部はプレゼンテーションによって、「学園生活の規定」が制定された14年前と現在の頭髪についての認識の違いを発表した。

生徒会執行部は9月に再度アンケートをとると、賛成746人（全体の85％）、反対129人（15％）であった。これを根拠に「学園生活の規定」の中の「髪型ルール」の「ツーブロック」の削除という要求書を提出。11月の三者協議会で、生徒会は削除について心配する少数意見も紹介しながら削除を提案。東和会からアンケートで7割の保護者が賛成で、生徒会提案に賛成と発言。教職員側から「『ツーブロック』を削除します」と回答があり、生徒会の提案は決定された[11]。

このように生徒会は各クラスでの話し合いもしながら、アンケートによって2回にわたり全校生徒の意見を集約してから提案し、三者による協議を積み重ねていった。提案について保護者会（東和会）も内部で議論を重ねアンケート結果によって生徒会提案に賛成と決めた。教員は事務局担当者会議の議論と職員会議での議論によって、そして最終的には三者協議会の中の教職員の打ち合わせで生徒会提案に賛成と決めた。

この経過のように提案については、生徒、保護者、教員の全員の意見が集約されながら半年間もの丁寧な三者の議論によって結論に至る。

大東学園高校の三者協議会の様子

大東学園高校の三者協議会の特徴として、(ア)三者の代表による代表制民主主義に誰でも参加して自由に意見を言える三者懇談会が組み込まれていること、(イ)多くの三者協議会が三者で合意したことを職員会議で了承して決定となるが、大東学園高校では三者協議会の場で決定となることがあげられる。

大東学園高校で頭髪のツーブロックについての話し合いが行われていたころ、都立高校の高校生の間でも「なぜ、ツーブロックはいけないのか」話題になっていた。

2020年に東京都議会で、頭髪のツーブロックについてある議員から質問があったとき、都教育長は「外見等が原因で事件や事故に遭うケースなどがあるため、生徒を守る趣旨から定めています」との答弁とともに、「校則は校長が決めています」と答弁した。これは2000年の学校教育法施行規則改正で、校長権限が強化されて職員会議は「校長の補助機関」とされたことによるものだが、「外見」発言への疑問や「なぜ、校則について生徒や保護者の声を聴かないのか」という批判がネットにあふれた。

さらに「ブラック校則」という言葉が生まれ、理不尽で人権侵害にもあたる校則が社会問題になっていた時で、「校則づくりに生徒、保護者が参加する学校」としてＮＨＫはじめ新聞各紙が大東学園高校の三者協議会を紹介した。

大東学園高校とともにメディアが紹介したのが、校長の教育理念によって校則を全廃するなどの改革をした都内の中学校だった。本も出版されて入学希望者も急増した。しかし、こうした改革はその校長が去ったあと、次の校長によって元の学校に戻されてしまう可能性がある。それは、こうした改革は「学校運営は校長の権限」という校長権限強化によってできたものであるからである。学校改革は誰がどのようにして変えていくかが重要である。特定の運営権限をもった者による改革はどんなに良い改革であっても、権限者が変わればなくなってしまう可能性がある。学校を構成している教育の専門職としての教員と学習権をもつ生徒とその生徒（子ども）の教育権をもつ保護者という三者が、ともに参加して協議（協同）しながら合意して創り上げる学校改革、学校運営こそ求められていると思われる。

さらに、大東学園高校佐々木教頭が「三者の協同はセレモニーでもアリバイでもなく、『生徒の学校参加・社会参加の仕掛け』であり、主権者としての成長を願う精神がある(12)」と述べているように主権者教育を重要な目的としているのである。

(3) 高知県の奈半利町立奈半利中学校の三者会

1997年から始められた土佐の教育改革[13]の「開かれた学校づくり」は、奈半利（なはり）町立奈半利中学校では、「開かれた学校づくり～奈半利中学校　共和制推進要項～」による「三者会」によってスタートした。その第1回三者会は1999年2月14日に開催された。奈半利町教育委員会地域教育指導主事、奈半利中学校教頭、奈半利中学校校長、奈半利町学校教育支援アドバイザーとして14年間にわたり奈半利中学校の教育に関わってきた大谷岩夫は「共和制・三者会」の考え方について次のように述べている。

「子どもは未熟だけれども一人ひとり人格をもった人間として認め、保護者や教職員と対等であるというもので、奈半利中学校の教育活動の根底を流れていて、生徒を教師・保護者と対等の学校の主権者であると位置づけ、生徒が学校運営に参画することを権利として保障している。このことが、生徒の自立性（自律性）、自発性と創意を引き出すことにつながっている。三者は、学校の主権者であり、三者会では、対等の発言権、議決権を持っているという考え方である。」「三者会は、三者がそれぞれの立場で年1回『改善要求書』を作成し、三者で合意されたことは、次年度の学校運営で実施するとし、そのための協議機関として年に1度、3学期に三者による直接討議し、合意をつくっていくものである。[14]」

この三者は学校の主権者であるという考え方や、三者会の場で合意し決定していくという会の位置づけは大東学園高校の考えと似ているがさらに進めたもので、この本のあとで紹介されているフランスやドイツの生徒参加の学校運営の会議とよく似ているものである。三者は学校の主権者であり、その主権者が学校を運営していくという「共和制」の考え方はまさにフランス的である。

三者会の「改善要求書」というものの発想は、かつて年2回開催していた教員と保護者の地区懇談会で、学校からの説明に対して保護者からの質問や意見が出ない、それで、教員たちが会場を去った後で保護者だけで話し合いを行い、そこで出された質問や意見や要望を学校に届けてもらうようにしたら、話し合いは活発になり多くの声が出されるようになったという。[15] これは多くの学校のPTA会議でも同じ傾向があり、保護者たちは学校の校則などに対して疑問や批判も言えないし、自分の子どもがタバコを吸っていて困るなどということも言えない。それは、「親は学校に生徒(子)を人質に取られ本音が言えない」からで、子どもの評価を下げられてしまうと思うからである。

三者会に生徒会は「服装生活規定」という校則について改善提案をしてきたが、当初の要求がすべて通るわけではない。要求→協議(熟議)→修正→合意という参加民主主義・熟議民主主義の過程を三者ともに学んでいく。2000年度には、女子のストレートパーマ、男子の頭髪、Tシャツの着用の要求で生徒会は保護者の過半数の賛成を得るために、全家庭にアンケートを実施して配布から回収まで生徒だけの力で取り組んで8割ほどを回収して、すべてに過半数の賛成を得て服装規定改定を実現した。[16]

授業・学習面に関する討議は三者会の討議の時間の3割以上を占めてきて、生徒の「分かりたい」」と、教師・保護者の「分かってもらいたい」という思いのぶつかり合いの議論を中心に、分かりやすい授業、総合学習、選択学習、分割授業、習熟度別授業、補習、授業態度、授業のスピード、宿題などが議論されてきた。(17)

(4) 「開かれた学校づくり」への生徒参加による教育効果

上記の3校からは、生徒、保護者の参加による「開かれた学校づくり」によって、(ア)教職員、生徒、保護者に開かれた民主的な学校づくりがすすめられ、(イ)「子どもの権利条約」にある児童生徒の参加と意見表明の保障がすすめられ、(ウ)三者各自が学校づくりの当事者となり、生徒の主権者意識が向上していることが報告されている。また、生徒は話し合いへの参加で、自分たちの意見や要求をとりまとめる力、プレゼンテーションする力、議論する力、問題解決する力を向上させている。さらに、生徒と住民との話し合いや地域づくりへの参加によって、生徒は市民として成長していると報告されており、こうした生徒の成長が保護者や教職員を励まし、参加と共同による学校改善がすすんでいる。

私は高校の教員として定年まで勤め、そのあと現在の大学に着任して10年目となるが、大学に来て驚いたことは、受験学力の高い大学生が授業で発言しないこと、議論できないことであった。比較して受験学力の低い辰野高校や、その他の三者協議会を実施している高校で協議会に参加している生徒たちより、はるかに議論する能力が低いのである。それでは大学のゼミは成立しないので、多くの大学で1年生には議論する力を付けることが必要になっている。

私は教職科目の教職実践演習で大東学園高校の三者協議会を学生に見学させている。学生たちには毎年大変好評で、「生徒が自分たちの要求をパワーポイントでプレゼンテーションして、教師と対等に議論していることに驚いた」「校則や授業は変えられないものと高校まであきらめていたが、努力すれば変えられる三者協議会が学校にあるべきだと思った」とほとんどの学生がレポートに書いている。

3 日本の生徒参加による主権者教育実践の課題

文科省は2015年の主権者教育開始以降、調査で毎年実施率は90％以上と発表している。しかし、その主権者教育を受けた20代の若者たちの選挙での投票率は30％前半で低いまま向上していない。また、選挙投票以外の政治参加・社会問題参加も次のページの表1（ISSP市民意識に関する国際比較調査2014）[18]のように世界の若者と比較して極めて低水準である。

なぜ主権者意識が向上しないのか、今まで紹介してきた実践校の分析を踏まえて日本の生徒参加による主権者教育実践の課題を考えていきたい。

表1　20代の過去1年にやったことがある人の割合（%）

	日	韓	米	英	独	仏	瑞
署名活動	5	24	31	48	30	40	45
商品のボイコット（政治的・倫理的・環境的理由による）	10	17	20	18	46	36	69
デモへの参加	1未満	4	12	8	10	12	12
政治集会への参加	1未満	2	7	3	11	4	13
意見表明を目的とした政治家への接触	1未満	4	10	7	6	3	9
寄付、政治活動のための基金創設	11	21	30	21	24	23	33
意見表明を目的としたメディアへの接触	1未満	3	2	4	7	3	6
インターネットでの政治的意見の表明	4	5	21	19	14	10	19

瑞：スウェーデン

(1)　学校の民主主義の課題

「民主的な国家及び社会の形成者」つまり民主的な主権者の育成のためには学校は民主主義的な場でなければならない。しかし、学校は民主主義の場になっているであろうか。社会問題となった校則問題には2つの問題が存在している。一つは「ブラック校則」に代表されるような校則の内容の問題である。校則が理不尽な内容で、さらに人権侵害ともいえるような内容、そしてジェンダー平等や性の多様性を認めないような内容の場合、こうした校則は改善されなくてはならない。もう一つは校則を誰が、どのようにして決めたり、改定したりするのかという学校運営の民主主義の問題である。

先に引用した日本若者協議会の「『学校内民主主義』に関する生徒／教員向けアンケート」では次のページの図のような結果が出ている。[19]

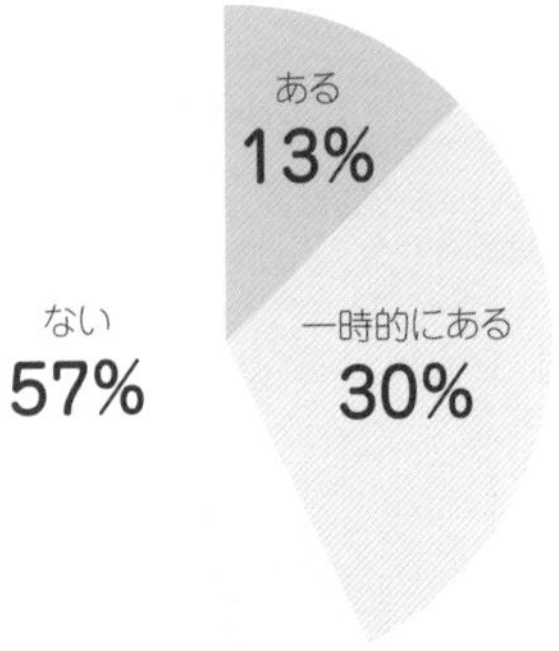

図１：学校に関することを児童生徒が意見を表明したり議論したりする場はありますか？（生徒）

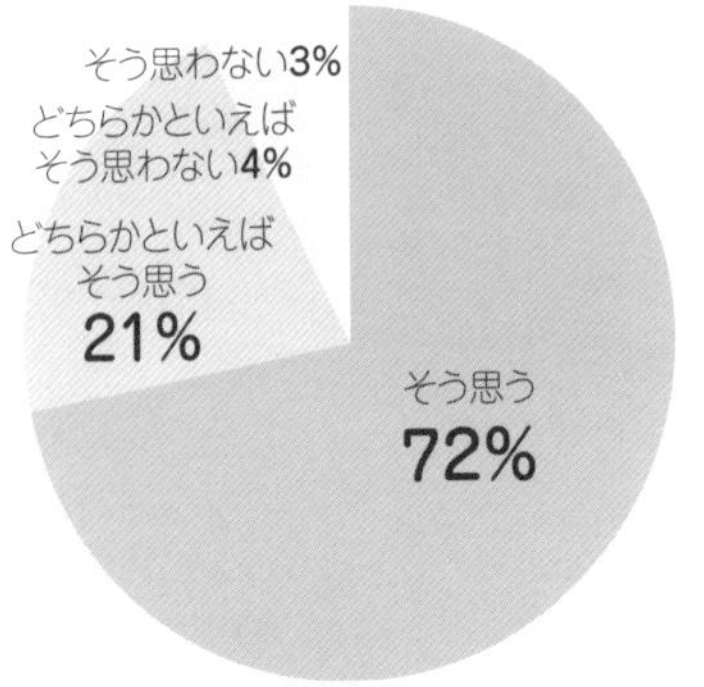

図２：学校に関することを児童生徒が意見を表明したり、議論したりする場が必要であると思いますか？（生徒）

図1の「学校に関することを児童生徒が意見を表明したり議論したりする場はありますか？」について「ない」は57％で、恒常的に「ある」は13％のみである。図2の「意見を表明したり、議論したりする場が必要であると思う」は72％、「どちらかといえばそう思う」は21％という結果である。そして同じアンケートで、「もし学校に関することで意見を表明する場があるとしたら、何について要望したいですか？」という質問に、回答者779名中601名が「校則」と答えていて、その他「学校行事」や「授業内容」など様々なことをあげている。こうした学校生活全般について生徒が意見表明できる恒常的な場が13％しかないという状態では生徒にとって学校は民主主義の場であるとはとてもいえない。

学校が民主主義的な場として、児童生徒が学校の中の三者協議会などの公的な場で学校運営について発言できるようになると、実践校への聞き取りでは、閉鎖的な学校が開かれていき、(ア)「ブラック校則」などの理不尽な校則がなくなっていく、(イ)教職員による体罰やハラスメントなどがなくなっていく、(ウ)いじめを把握でき、減っていくという効果があるのである。[20]

(2) 子どもの権利条約を保障する課題

子どもの権利条約は1989年11月20日に第44回国連総会で採択され、日本は1990年に同条約に署名し、1994年に批准した。「子どもの権利条約」第12条「意見表明権」では、「締約国は、自己の見解をまとめる力のある児童に、その児童に影響を与えるすべての事柄について、自由に自己の意見を表明する権利を確保する。その際、児童の意見は、その児童の年齢および成熟度に従って、相応に考慮される。」（日本政府訳）としているが、国連子どもの権利委員会は、日本では、子どもに関することを決める時に、「学校その他の施設において、方針を決定するための会議、委員会その他の会合に、子どもが継続的かつ全面的に参加すること」を保障して、意見を聞いて決めることをしていないとして、「確保すること」と毎回日本政府に勧告をしてきている。[21]子どもの権利条約は国が批准しているので条約を守っていない責任は政府にある。しかし政府だけの責任とはいえない。学校での「子どもの参加」は政府・文科省が実行しなくても、また教育委員会が実行しなくても、学校として実行できるからである。ではなぜ、学校は実施してこなかったのか考えたい。

私は公立と私立の2つの大学の教職課程の授業で、学生に「子どもの権利条約」についてのアンケートをとってきた。次ページにあるのがその結果である。公立大学は3年間分（2016〜20

18年）の50人への調査によるもので、私立大学は5年間分（2014〜2018年）の282人への調査によるものである。

質問「子どもの権利条約」を（中学・高校）で教えてもらいましたか。

公立大学（50人）

ア　教えてもらっていない　26人（52％）
イ　名称だけ教えてもらった　13人（26％）
ウ　内容も教えてもらった　11人（22％）（中学で4人、中高で1人、高校で6人）

私立大学（282人）

ア　教えてもらっていない　198人（70・2％）
イ　名称だけ教えてもらった　55人（19・5％）
ウ　内容も教えてもらった　29人（10・3％）（中学で8人、中高で6人、高校で15人）

このアンケート結果から分かるのは以下のことである。①「子どもの権利条約」について全く知らない子どもたちが50〜70％いる。②教えてもらった子どもたちも、内容まで教えてもらっている者は、10〜20％しかいない。③「内容も教えてもらった」と答えた、その内容は「教育を受ける権利」と書いた学生がほとんどで、「意見表明権」や「結社・集会の自由」「表現・情報の自由」「思想・良心・宗教の自由」「虐待・放任からの保護」「休息・余暇・遊び、文化的・芸術的生活への参加」「性的搾取からの保護」「障害児の権利」などについては学んでいない。[22]

ではなぜ、教員は子どもの権利条約を子どもに教えていないのだろうか。

セーブ・ザ・チルドレン・ジャパンによる「学校生活と子どもの権利に関する教員向けアンケート調査」[23]では、子どもの権利について「内容までよく知っている」教員は約5人に1人（21・6%）しかいなくて、「全く知らない」（5・6%）と「名前だけ知っている」（24・4%）教員は合わせて3割（30・0%）にもなることが明らかになった。

勤務年数別で見ると大きくは変わらないが、勤務年数が短い教員の方が「内容までよく知っている」と回答する割合が低く、大学における教職課程教育で「子どもの権利条約」の授業がほとんど行われていなくて、また増えてもいないことが分かる。

「内容について少し知っている」は48・5%いるが、「子どもの権利として、ふさわしいと思う内容をすべて選んでください」で、「子どもは自分と関わりあるすべての事について意見を表明でき、その意見は正当に重視される」を選ばなかった教員は全体の約4割弱（35・9%）もいた。

「子どもたちに子どもの権利を伝えるために、あなたの学級ではどのような取り組みをしていますか?」という質問には、「特に取り組みはしていない」が5割近く（47・0%）あり、「子どもの権利に関する授業を実施するにあたって、どのような難しさを感じていますか?」という質問には、「多忙化で授業準備ができない」（32・1%）とともに、「適切な教材がない」（35・7%）が多かった。[24]

こうした学校現場の実態、子どもの権利条約についての教員の理解が低く、子どもたちに教えていないという実態の原因は、文科省が、(a)大学の教職課程で子どもの権利条約についての学習を必修化していないこと、(b)学習指導要領に子どもの権利条約の学習を入れていないこと、(c)文科省『生徒指導提要』に校則改善や授業改善、施設・設備の改善などで子どもの権利条約に基づいて、学校運営への子どもの参加を保障することが入っていなかったことであると指摘できる。また、教職員の子どもの権利条約についての研修もほとんどないということも指摘できる。[25]

(3) 参加体験による主権者教育という課題

① 子どもの参加をめぐる教育行政の変化

文科省の推進している主権者教育では、「国家・社会の基本原理となる法やきまりについての理解や、政治、経済等に関する知識を習得させるのみならず、事実を基に多面的・多角的に考察し、公正に判断する力や、課題の解決に向けて、協働的に追究し根拠をもって主張するなどして合意を形成する力、よりよい社会の実現を視野に国家・社会の形成に主体的に参画しようとする力を育成すること」とし、モデル校での実践研究として、「生徒が学校生活の充実と向上に主体的に参画することを促す観点からの生徒会活動やボランティア活動などの取組の充実[26]」などをあげている。

この中央教育審議会答申が出された2016年時点では、生徒の主体的な参画の機会としては

「生徒会活動やボランティア活動など」とされていた。

しかし、校則問題が社会問題になる中で、文科省は２０２１年6月8日に全国の教育委員会に、「児童生徒の実情や保護者の考え方などを踏まえて、校則を絶えず積極的に見直すよう求める」内容の事務連絡を出し、「校則の内容や必要性について児童・生徒・保護者との間に共通理解を持つようにすることが重要」「校則の見直しに児童生徒が参加することで、校則への理解を深めたり、主体性を培ったりする機会にもなる」という内容であった。つまり、生徒の参加を「校則の見直し」という学校運営にまで周知徹底したのである。この連絡を受けて全国の教育委員会で校則の見直しがすすめられ、「各学校で見直しについて生徒自身の議論を促すよう要請した」のは28都道府県、「見直しに向けて校則への意識や実態などのアンケート調査を実施した」のは30都道府県であった(27)。

また、東京都では、都議会で理不尽な校則を子どもの参加で見直すよう質問があり、都教育委員会（以下、都教委）は２０２１年4月に「頭髪の色や髪形、下着の色などを定めた校則について生徒や保護者、地域の人たちの意見を踏まえて見直すよう」各学校に通知した。２０２２年3月10日の都教委定例会で都教育庁が校則の見直し状況について、ツーブロックを禁止していた都立高校は２４０課程中24課程だったのがゼロに、生来の髪を一律に黒色に染色指導していた高校は7課程からゼロに、下着の色を指定していた高校は13課程からゼロに、「高校生らしい」などあいまいな表現をしていた高校は95課程からゼロになったと報告した。報告の中で、生徒の意見を取り入れて市販のベストやカーディガンを着用できるよう校則を見直した事例や、生徒会役員が他県の校則を比較検討した事例が紹介された。

さらに、熊本市教育委員会は、「校則・生徒指導のあり方の見直しに関するガイドライン」を制定して学校管理規則を改正し、その中で「校則の制定・改廃に教職員、児童生徒、保護者が参画すること」とした。また、福岡市立中学校校長会は生徒が参画する「校則検討委員会」の各校設置を提案し、各校に設置されて校則の見直しがすすんでいる。(28)

そして、「こども基本法」が2022年6月15日に国会で可決成立し、6月22日に公布され、2023年4月1日から施行予定で、この法律で子どもの意見表明権や参加の権利が次のように確認されることになり、子どもの学校運営への参加は大きく展望が開けてきた。

こども基本法第三条

三　全てのこどもについて、その年齢及び発達の程度に応じて、自己に直接関係する全ての事項に関して意見を表明する機会及び多様な社会的活動に参画する機会が確保されること。

四　全てのこどもについて、その年齢及び発達の程度に応じて、その意見が尊重され、その最善の利益が優先して考慮されること。

さらに、2022年12月には文科省の『生徒指導提要』が改訂され、校則の見直しなどへの児童生徒の参画が次のように明記された。これらを学校現場で生かして、生徒参加を実現していくことが喫緊の課題である。

生徒指導提要　児童生徒の参画　校則の見直しの過程に児童生徒が参画することは、校則の意義を理解し、自ら校則を守ろうとする意識の醸成につながります。また校則を見直す際に児童生徒が主体的に参加し意見表明することは、学校のルールを無批判に受け入れるのではなく、自身がその根拠や影響を考え、身近な課題を自ら解決するといった教育的意義を有するものとなります。

②　教育行政による生徒参加の制度化の課題

文科省が推進してきた「開かれた学校」である「学校評議員制度」や「学校運営協議会制度（コミュニティ・スクール制度）」では保護者や地域住民の参加は確保されてきたが、欧米のような生徒の参加は確保されてこなかった。現在、生徒の参加は、「子どもの権利条約」の保障という理念だけでなく、「こども基本法」で法制化され、また現実的な学校運営上の必要性として広がりつつある。そして、その効果は何よりも生徒に必要とされている議論する力などの能力が向上していること、また主権者を育てる教育になっていることが明らかになっている。

第2章以降で報告されている学校経営（運営）への生徒参加が法制化された国（米国は一部の学区）の参加制度とその実施状況とその教育効果、とりわけシティズンシップ教育、民主主義教育、日本でいえば主権者教育の教育効果を検証してみることで、日本における生徒参加の制度化の課題が見えてくると考える。

生徒参加の制度化は国・文科省による法制化の課題とともに、各都道府県教育委員会、各市町村教育委員会における制度化の課題がある。過去に日本においても高知県の「土佐の教育改革」から始められた「三者協議会」などの生徒参加の制度化、市町村では埼玉県鶴ヶ島市教育委員会の「三者協議会」の制度化(29)という地方教育行政による制度化の歴史がある。

③ 学校単位での生徒参加の実施の課題

生徒参加を保障する「三者協議会」や「校則検討委員会」などの設置の制度化はすぐにはできないとしても、例えば埼玉県ではすべての高校に設置されている「学校評価懇話会」に生徒代表が参加して、生徒会の取り組みを発表したり、要望を述べたりすることができるようになっている。(30)全国どこの学校でも、学校単位で「学校評議員制度」や「学校運営協議会制度（コミュニティ・スクール制度）」に基づいてつくられている委員会に生徒代表が参加して発言できるようにすることは学校の判断で実施できる。制度化実現以前にできる学校単位の学校経営（運営）への生徒参加による「開かれた学校づくり」は、学校独自の内発的な改革によって実現できる課題である。

【注】

(1)「シティズンシップ教育宣言」3頁。
(2)(1)と同じ、2頁。
(3)宮下与兵衛「生徒の学校運営参加と地域づくり参加の実践の意義」浦野東洋一他編『校則、授業を変える生徒たち　開かれた学校づくりの実践と研究』同時代社、2021年、26－27頁。
(4)日本若者協議会「『学校内民主主義』に関する生徒／教員向けアンケート結果まとめ」2020年12月、全国の生徒779名、教員44名が回答。
(5)宮下与兵衛『学校を変える生徒たち――三者協議会が根づく長野県辰野高校』かもがわ出版、2004年、参照。
(6)宮下与兵衛「まちづくりシンポジウムからコミュニティ・カフェまで――長野県辰野高校」宮下与兵衛編『地域を変える高校

生たち ── 市民とのフォーラムからボランティア、まちづくりへ』かもがわ出版、2014年、参照。

(7) 学校紹介ビデオ『長野県辰野高等学校三者協議会』2008年3月、辰野高校生徒会。

(8) 原健「18年目の『三者協議会』大東学園高等学校」(3)と同じ、64－65頁。

(9) 市村卓也「三者の協同による学校づくりの日常化を目指して」(3)と同じ、69－70頁。

(10) 佐々木准「大東学園でツーブロックはどのように論議されたのか」(3)と同じ、74頁。

(11) 上記注(10)と同じ、75－81頁。

(12) 上記注(10)と同じ、82頁。

(13) 橋本大二郎知事の時に始められ、各学校に「開かれた学校づくり推進委員会の設置」を呼びかけ、子ども参加がすすんだ。

(14) 大谷岩夫「高知県奈半利町における『開かれた学校づくり』を振り返る」(3)と同じ、50頁。

(15) (14)と同じ、51頁。

(16) (14)と同じ、53－55頁。

(17) (14)と同じ、56－57頁。

(18) https://www.doyukai.or.jp/publish/uploads/docs/202102_03.pdf 日本若者協議会の室橋祐貴氏作成。

(19) (4)と同じ。

(20) 宮下与兵衛「今なぜ『開かれた、参加と共同の学校づくり』なのか」『季刊　教育法』213号、2022年6月、9頁。

(21) 日本政府への国連子どもの権利委員会の「第2回最終所見」(2004年)、「第3回最終所見」(2010年)、「第4・5回統合報告に関する最終所見」(2019年)を参照。

(22) (20)と同じ、9－10頁。

(23) セーブ・ザ・チルドレン・ジャパンが2022年3月に、47都道府県の小・中・高、高等専門学校、特別支援学校の教員に実施したインターネット調査で468人が回答した。

(24) (20)と同じ、10頁。

(25) (20)と同じ、11頁。

(26) 「幼稚園、小学校、中学校、高等学校及び特別支援学校の学習指導要領等の改善及び必要な方策等について(答申)」平成28年12月21日、中央教育審議会。

(27) NHKクローズアップ現代プラスの調査「その校則本当に必要ですか？　ルール改革の最前線に密着！」2021年9月9日

放映。

(28) (20)と同じ、7－8頁。

(29) 1999年から市内の全小中学校に学校協議会を設置して、子ども参加をすすめた。

(30) 日永龍彦「埼玉県入間向陽高等学校――『向陽高校をよくする会（学校評価懇話会）』から見る持続可能な『開かれた学校づくり』」(3)と同じ。

第2章

アメリカ

多様な生徒参加の機会を学校・地域ぐるみで保障

古田雄一

1 アメリカの教育制度とその特徴

アメリカは、分権的な教育制度をもつ国である。公教育に関する権限は連邦政府ではなく各州の政府にあり、さらにそれらの権限の多くは地方の学区（district）に移譲されている。これは、各州の統括のもとで、それぞれの学区の教育委員会が学校教育を運営する「ローカル・コントロール（local control）」の考え方が基盤にあるためである。このため、各種教育制度が州や学区によって異なっており、この点がアメリカの教育制度の大きな特徴となっている。

たとえば、日本の学校教育制度では、小学校6年間、中学校3年間、高校3年間という「6－3－3制」が全国一律で敷かれているが、アメリカの場合、州や学区によって8－4制、5－3－4制、6－2－4制、6－3－3制、6－6制など多様である（本章末の学校体系図も参照）。教育課程についても国家レベルでの共通の規定はなく、各学年でどのような科目を設けるかも州や学区によって違う。教科書制度についても、州が使用可能な教科書の一覧を作成する州もあれば、各学区・学校が自由に教科書を選べる州もある。

「ローカル・コントロール」の考え方は学校教育の意思決定や運営に関する制度にもあらわれている。地域住民の代表である教育委員（多くの場合は選挙で選ばれる）が、教育行政の専門家である教育長とともに学区の教育に関する意思決定を行う。「自分たちの地域の教育は、自分たちで決める」という理念がそこにはある。なお各学区の教育財政は、（州や連邦政府からの補助金もあるが）地域の財産税を基本的な財源としている。このため、地域によって教育環境に差が生じやすいという課題もある。

2 アメリカの市民性教育の特徴と課題

(1) 民主主義に参加する市民を学校全体で育てる

アメリカにおいて、「主権者教育」に類する言葉としては、civic educationがある。訳語は「公民教育」「市民教育」「市民性教育」など定まっていないが、本章ではさしあたって「市民性教育」という言葉を使うこととする。

アメリカの学校教育では伝統的に、民主主義に参加する市民の育成が重要な使命の一つと考えられてきた。教科では、20世紀初頭に成立した社会科が、その中心的な役割を担ってきた。加えて1980年代以降、地域でのボランティア活動を学校教育に取り入れる動きが活発化し、地域や社会の問題解決に取り組む活動と教室での学習を結び付けた「サービス・ラーニング（service-learning）」と呼ばれる手法が1990年代以降、全米的に展開されていくようになる。このほかにも、政治的な問題についてのディスカッションや模擬投票など、多様な取り組みが行われてきた。

こうしたアメリカの学校における市民性教育の蓄積を整理し、多くの関係者のバイブル的存在にもなったのが、2003年に刊行された『学校の市民的使命』[(1)]という報告書である。この報告書の作成過程には、全米の50名以上の研究者や実践者らが携わっている。

『学校の市民的使命』では、市民性教育の目標を「子どもが生涯にわたって、能力と責任をもった市民となれるための技能、知識、態度を、彼らが獲得し活用することを学ぶ助けとなること」であるとし、「能力と責任をもった市民」の要素として、①知識をもち思慮深くあること、②地域コミュニティに参加すること、③政治的に行動すること、④道徳的・市民的な徳性をもつことをあげている[(2)]。投票をはじめとする政治参加はもとより、子どもが広く地域や社会に参画していくための学びが目指されているといえよう。

この報告書では、学校教育における特に効果的な市民性教育の方法として、公民科・社会科などでの学習、時事問題や論争的な問題のディスカッション、サービス・ラーニング、学校や地域に関わる課外活動、学校運営への生徒参加、シミュレーション（模擬投票・模擬裁判など）の6つが示されている。アメリカにおいて市民性教育は、特定の教科だけでなく学校全体で取り組むべき課題と考えられていることがうかがえる。加えて、体験的・実践的な学習方法が多くみられる点にも注目したい。報告書は、「無味乾燥な手続きに関する事実の暗記に終始するような教育実践では、生徒に有益でないばかりか、投票などの政治参加から彼らを疎外しかねない[(3)]」と指摘している。だからこそ、アメリカの市民性教育では、学校運営への参加や地域・社会の問題解決への参加など、さまざまな形で現実の意思決定や問題解決に生徒が参加できる機会を用意し、そうしたリアルな体験や実践を通じて子どもの市民性を育む実践が蓄積されてきたのである。

(2) 市民性教育の格差の問題

ただし先に述べたように分権的な教育制度をもつアメリカでは、市民性教育についてもアメリカ全体での統一された実施の枠組みはなく、取り組みの状況や内容は学校や地域によって異なる。市民性教育と関連の深い教科である公民科を例にとれば、多くの州では高校の卒業要件として最低半年以上の公民科の履修が求められている一方、そうした履修要件を設けていない州もある（ただし学区単位で独自の要件を課している場合もある）[4]。また、本書の中心的なトピックの一つである学校運営への生徒参加についても、多くの学校に生徒会（student government/council）が設置され、活発な活動もみられるが、他国のような国家レベルでの法制度が存在しないため、設置状況や運用実態も必ずしも一様ではない。

このようにアメリカの市民性教育の実施状況は多様であるが、特に問題となってきたのが、市民性教育の「格差」の問題である。低所得層やマイノリティの生徒が多く住む都市部の地域の学校では、基礎学力保障のために多くの時間が割かれやすく、市民性教育の優先順位は低下しやすい。そのため、こうした子どもは十分な市民性教育を受けられないまま大人になるという機会格差が生じてきた。実際、低所得層やマイノリティの子どもは他の子どもに比べ、現代的な課題の討論や地域貢献活動など、『学校の市民的使命』でもあげられていたような市民性教育を経験する機会が少ない傾向が明らかにされてきた。(5) 生徒会についても、こうした生徒が多い地域の学校は設置率が低く、また設置されていても教員の管理が強い傾向が指摘されている。(6) しかもこうした地域の子どもは、学校外でもさまざまな差別や不平等を感じる経験をする中で、社会は変えられないという無力感を抱きやすい。アメリカの教育学者メイラ・レヴィンソンの言葉を借りれば、学力格差だけでなく、「市民としてのエンパワメントの格差（civic empowerment gap）」が存在してきたのである。(7)

一方こうした中でも、困難な境遇に置かれた生徒たちに社会への希望を与えるべく、市民性教育の取り組みを懸命に模索する地域がある。アメリカ有数の大都市であるイリノイ州・シカゴがその一つである。低所得層やマイノリティの生徒が多く住むシカゴでは、学区をあげてさまざまな市民性教育の取り組みが行われている。次節では、主に２０１８〜19年にかけて行った調査をもとに、必要に応じてその後の状況をアップデートしながら、シカゴ学区での市民性教育の取り組みを紹介していきたい。(8)

3 イリノイ州・シカゴ学区における市民性教育の取り組み

シカゴは、アメリカの中西部イリノイ州に位置する、ミシガン湖の湖畔に面した都市であり、ここにあるのがシカゴ学区（Chicago Public Schools）である。シカゴ学区では、学校体系は小中学校段階8年間、高校段階4年間の8－4制を採用している。学校数は小中学校と高校を合わせて合計600校以上を抱える非常に大きな学区である。[9] 児童生徒にはヒスパニック系やアフリカ系が多く、英語を母語としない児童生徒も2割を超え、また2021年度時点で児童生徒の7割近くが経済的困難層となっている。[10]

こうした困難な環境条件のもとでも、シカゴ学区では2010年代以降、市民性教育を広大な学区全体で推進し、「市民としてのエンパワメントの格差」の是正を目指してきた。この学区があるイリノイ州では、2015年より公民科が高校卒業要件として必修化されたが、シカゴ学区はこれにとどまらず、あらゆる生徒が「幅広い市民的学習の機会にアクセスできることを保証する」ことを目指し、さまざまな取り組みを行っている。[11]

(1) 学校における生徒参加

① 学校の問題解決への生徒参加 ── ステューデント・ボイス・コミッティー

まず紹介したいのが、「ステューデント・ボイス・コミッティー（Student Voice Committee: SVC）」という取り組みである。これは有志の生徒が中心となって自分たちの学校の改善や問題解決に取り組む、シカゴ学区独自の取り組みで、学区内の9割以上の高校で導入され、小中学校段階にも広がりつつある。[12]

SVCの活動に中心的に参加する生徒は、学校によって異なるがおおむね15～25名程度である。参加生徒の選挙などは行わず、希望する生徒は誰でも参加できる形をとる学校が多い。活動は、放課後や昼食時間などを利用して週1～2回行うのが一般的である。

生徒が学校の運営に関われる既存の仕組みには生徒会があるが、学校によってSVCと生徒会の関係はさまざまである。両者を一つに統合する学校もあれば、それぞれ設置する学校もある。後者の場合、たとえば生徒会は主に学校のイベントの企画などを担い、SVCは学校の問題解決を中心に活動するという役割分担もみられた。あるいは、選挙で選ばれた生徒が中心となる生徒会と、希望する有志生徒が中心となって活動するSVCの両方があることで、より多様な生徒が関われるという利点を活かし、それぞれが異なるテーマや問題に取り組みながら、必要に応じて連携協力するという学校もある。(13)

SVCの活動は基本的に「コミッティーの基盤をつくる」「学校コミュニティを分析する」「調査を実施し、解決策のアイデアを練る」「解決策を実施し、振り返る」という4つのステップを踏みながら進められる（表1）。いわば、学校の問題を素材とした探究学習や問題解決学習ともいえるだろう。生徒たちは、他の生徒への聞き取りやアンケートで全校生徒の意見を吸い上げるとともに、教職員や保護者・地域住民、あるいは専門家など関係する人の意見も聴きながら、問題の分析や解決策を練り上げていくことになり、校長とのミーティングの機会も複数回設けられる（図1）。生徒はこうした活動を通じて、さまざまな人と協働しながら、学校をより良い場所に変えていく経験

表１　一般的なSVCの年間活動スケジュール例

9～10月	・ＳＶＣのメンバーを集める ・ステップ１：ＳＶＣのコミッティーの基盤をつくる
11～12月	・ステップ２：学校コミュニティを分析する ・最初の校長とのミーティング
1～3月	・ステップ３：調査を実施し、解決策のアイデアを練る
3～4月	・プレゼンテーションの準備をする ・校長や学校コミュニティへのプレゼンテーションを行う
4～5月	・ステップ４：管理職と協働し、解決策を実施する
5～6月	・振り返り、祝福する

出典：Mikva Challenge, Student Voice Committee Curriculum, 2013, p.10.（一部改変・省略）

図１　SVCの活動における関係性のイメージ図（筆者作成）

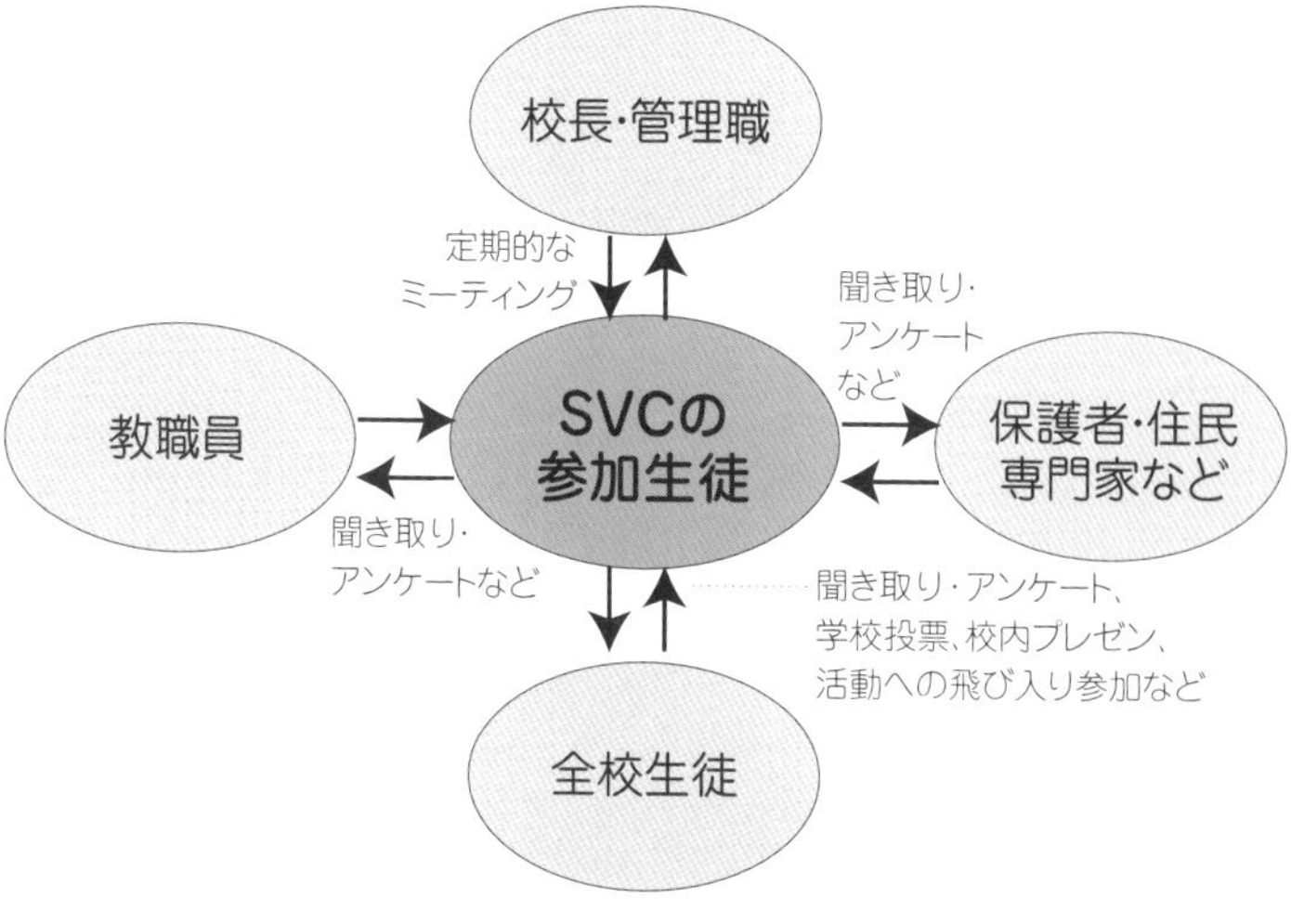

を得ることができる。また、活動の過程で学ぶ調査の技法や問題分析の視点、提案のまとめ方などは、他の学習やその後のさまざまな場面でも役立つものとなる。

筆者が訪問したある高校のSVCでは、生徒のメンタルヘルス、部活動の活動資金、長期休暇中の宿題といった問題やトピックについて、議論や調査を行い、学校に提案し、実際に意見が反映されてきた。また、新入生向けのビデオ制作など、学校を良くするためにできる活動にも取り組んでいた。この学校の校長は、SVCの意義について「私たち（教職員）がもっていないものを加えられる」ことだと語っていた。すなわち、生徒が学校の改善に参加することは、生徒の学びや成長という意義だけでなく、教職員では気づきにくい視点や新たなアイデアを掘り起こすことで、学校をより良くする助けになるという可能性も併せもっているのである。

シカゴ学区のSVC推進担当者クリスティーナ・サルガド氏は、教員にとって「都合の悪い」声や、いわゆる生徒会役員になるような「典型的なリーダー」以外の生徒の声も、積極的に採り入れていくことが大切だと指摘する。これは、多様な生徒の声を包摂するためにも重要な考え方である。SVCでは、先ほど述べたような全校生徒の意見の調査に加え、活動自体をオープンにし、飛び入り参加を認めることで、多様な生徒が議論に参加しやすくするような工夫なども試みられている。

② 生徒の声を尊重する学校風土の大切さ

SVCは学校づくりに生徒が関わる中心的な仕掛けとして興味深い取り組みである。しかし、サルガド氏は、SVCが生徒の声を届ける「唯一の方法であるべきではない」と考えており、多様な参加の回路や機会があることが望ましいと語っていた。実際、学校によっては、生徒会をはじめ、SVC以外にも生徒が学校の問題に取り組んだり、声をあげたりできる活動や組織もある。生徒会以外にも、アフリカ系の生徒のユニオンの学校支部や、LGBTQのグループなど、特定の背景をもつ生徒のグループや関連する問題の啓発や解決に取り組む活動などがみられる。なにより大切なのは、こうした活動だけでなく、日ごろのさまざまな場面も含め、生徒の声や参加が尊重され、受け止められるような学校全体の風土であろう。

シカゴ学区の生徒を対象に行われた近年の調査研究では、生徒の声を受け止める学校の風土が、学業成績にも良い影響をもたらす可能性が明らかになっている。研究結果によれば、生徒が自分たちの声に学校の教員や管理職が応答してくれていると感じている学校では、（他の要因の影響を除去しても）学業成績や出席率が高い傾向がみられたという。[14] シカゴ学区が、学力面でも困難を抱えた地域であることにも鑑みると、重要な知見といえる。

生徒の声を尊重する学校風土が、学校外でのアクションへの足場になることもある。ある高校では、2018年3月に全米規模で若者を中心に広がった銃規制を求めるデモに、約9割もの生徒が参加した。しかも生徒たち自らデモへの参加を企画し、校長や教員を説得し、実現したのだという。企画したのは、SVCを含む3つの生徒組織であった。彼らの思いは、「もう立ち上がることができない（犠牲となった）同世代の仲間のために、立ち上がりたい」というものであった。デモは授業時間中にあたるため、彼らは生徒が授業を休んでデモに参加できるよう、何度も交渉を重ねた。

学校側が懸念した生徒の安全についても、参加生徒が散り散りにならずまとまって行動できるよう、事前に教室を回って十分な説明を行うことで、懸念を解消していった。

おそらく日ごろの積み重ねなしに、このような企画は実現しえなかったであろう。この学校では、以前から生徒が学校の意思決定や改善に参加できる風土が醸成されてきた。たとえば、外国語の授業の設置や、性教育の授業でのＬＧＢＴＱに関する内容の充実など、学校のカリキュラムの改善にも生徒の意見を採り入れてきた。校長が「私たちは生徒のことを絶対に尊重している」と語るように、この学校で生徒たちは、学校をより良くしていくためのパートナーと認識されていた。こうした学校風土が、生徒を主権者として育み、学校の外での政治参加にも後押しとなっていったといえる。

(2) 地域や社会への生徒参加を目指した取り組み

シカゴの市民性教育における生徒参加は、学校への参加だけにとどまらない。地域や社会の問題解決を学び、参加する機会も豊富に用意されており、合わせて重要な柱となっている。

① 教室や学校を社会とつなぐ

シカゴ学区では、学区独自の高校公民科のカリキュラムを開発し、90校以上で導入した。カリキュラムは、「民主主義の力」「選挙の力」「政策の力」「アクティビズムの力」といった単元で構成されている。[15]その大きな特徴は、公民科の授業に多くみられるような制度や理念の学習にとどまらず、生徒たち自身が市民としてどのように政治や社会に参加していくかという視点で内容が編まれている点にある。いうならば、社会は観察や理解の対象としてだけでなく、生徒がそこで生活し、関わり、より良くつくり変えていくことができるものという考え方が根底にある。

たとえば、筆者が見学した授業では、公民権運動を牽引したキング牧師の生涯に触れ、彼が監獄で記した手紙を読み、民主主義の意味や不服従、抗議などについて考え、議論していた。生徒の多くは、アフリカ系やヒスパニック系、低所得層の生徒である。社会の不平等や不条理を日々感じやすい彼らにとってキング牧師は、自分たちも社会を変えられるかもしれないと希望を与えてくれるロール・モデルのような存在であり、同時に、民主主義や主権者としての行動について考えを深める格好の題材であった。

カリキュラムには、このほかにも、奴隷制と合衆国憲法の関係をめぐる議論や、アファーマティブ・アクション、移民政策など、生徒の背景や生活経験と接点をもつ内容が数多くみられる。加えて、投票だけでなく多様な政治・社会参加の方法も積極的に扱っている点も特徴的である。単元「政策の力」では、シカゴ学区の卒業率をめぐる実際の問題を題材に、問題の発見、解決策の検討、賛成者・反対者の意見の分析、行動計画の作成というプロセスに取り組む活動が設けられている。また、「アクティビズムの力」の単元では、ブラック・ライヴス・マター（#Black Lives Matter）やオキュパイ・ムーブメントといった近年の運動の事例が紹介されていたり、女性運動のプロセスの詳細なケーススタディが盛り込まれていたりする。アメリカ社会で不利な立場に置かれやすく、

キング牧師の映像を観る生徒たち

政治にも声が届きづらいと感じるマイノリティの子どもにとって、こうした多様な参加の方法を学び、視野を広げることは大切である。このように、シカゴ学区の公民科カリキュラムは、地域や社会に参加し、働きかけ、より良く変えるための方法を学びながら、生徒が自らの関わりを考えていく内容となっており、政治・社会参加に対する深い理解と参加への意欲を育むことが期待できる。

公民科の授業では、教室における心理的安全性も大切にされている。学区の元教育長は、「生徒はあらゆる生活経験を教室にもち込む」と語る。だからこそ、まずは教室を、生徒一人ひとりが安心して発言できる空間にすることが重要だという。時に自己の尊厳が傷つけられるような経験さえもつ生徒たちにとって、教室で自身の声が受け止められるという「参加」の経験は、小さくとも確かな、声や権利をもった主権者としての感覚を回復する第一歩となるだろう。

なお、生徒と社会を結ぶのは、必ずしも授業だけではない。調査で訪れたある高校で印象的だったのは、校内を歩いていると、社会に目を向けたり地域コミュニティとの接点を感じたりできるような掲示物をいたるところで目にすることであった。この学校では、社会的な問題を積極的に取り上げる校内新聞、環境問題への活動、多文化理解に取り組む活動など、社会とつながる課外活動も数多い。また地域の問題解決に取り組んだ活動の写真や、LGBTQのことを考える校内のイベントの案内なども掲示されていた。このように学校生活を通じて社会に触れる風土があることも、主権者としての意識を高めるうえで効果的であろう。

② 現実の社会問題の解決に取り組むことで学ぶ ―― サービス・ラーニング

サービス・ラーニングとは、先に触れたとおり、教室での学習と地域や社会の問題解決に実際に取り組む活動を組み合わせた教育方法である。シカゴ学区の高校では、公民科を含め複数の科目でサービス・ラーニングを行うことが必須となっている。生徒たちの背景や生活経験、地域の状況などに結び付いた探究の問いを軸に、地域や社会の問題を調査・分析し、解決のための行動を考えて実践することが期待されている（図2）。そこでの行動は、直接誰かを助けたり支えたりする活動はもちろん、問題の啓発や意識喚起、あるいは政策や制度の改善への働きかけなど、多様に想定されている。

筆者が訪れたある高校では、英語の授業でサービス・ラーニングを実施していた。この授業では、

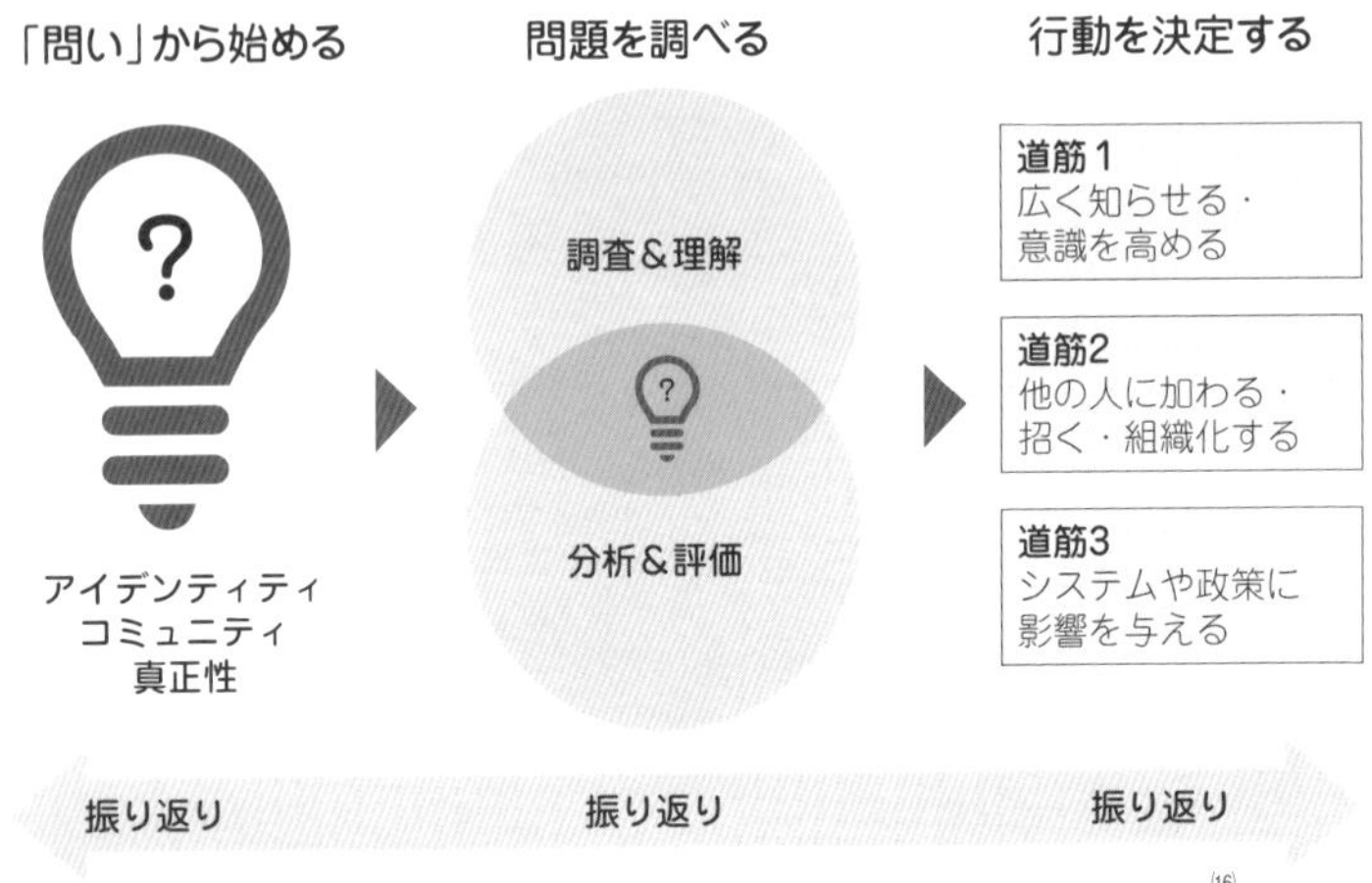

図2　シカゴ学区におけるサービス・ラーニングのフレームワーク[16]
出典：Chicago Public Schools “Inquiry to Action Framework”.

さまざまな文学作品を通じて、人種をめぐる歴史的経験や社会の不正義について考えてきた。その集大成となる最後の単元で、現実の地域コミュニティが直面する問題を調べ、リサーチペーパーを書き、地域住民への発表や解決に向けた啓発などの活動を行うのである。筆者が見学したのは単元の初回であったが、生徒たちは、宿題となっていた家族や地域住民への聞き取りをもとに、格差や雇用、人種差別、銃規制や治安、移民政策などの課題を次々にあげていた。どの課題に取り組むかという議論には熱が入り、授業の時間はすぐに過ぎていった。その後は班に分かれ、今後の調査や行動の計画を立てていった。

　別の高校では、芸術系の選択科目であるダンスの授業で、サービス・ラーニングを取り入れていた。生徒たちは、アメリカで起きている人身売買の問題について啓発するためにオリジナルの演劇を制作し、高校内はもちろん、さまざまな場所を飛び回って公演を行っていた。数ある啓発の方法の中で演劇という形を選択したのも生徒たち自身であった。その理由について、生徒は「問題を目に見える形で発信することで、私たちのメッセージが伝わると思ったからです」と教えてくれた。生徒たちと同世代の若者も巻き込まれているこの問題は、知ってしまった以上、彼らにとってもはや他人事ではなかった。

シカゴ学区のウェブサイトでは、このほかにも次のような多岐にわたる実践のアイデアが公開されていた。一口にサービス・ラーニングといっても、実に幅広いアプローチがあることがわかる。そして市民性教育には、社会科だけでなく、さまざまな教科で取り組むことができるし、それが期待されていることが改めて確認できる。

・【英語】人種差別の歴史や移民の権利、障害者の権利といったテーマを取り上げた文学作品を読み、関連団体での活動や啓発活動を通じてそうした問題に取り組む。
・【芸術】地域の英雄の物語を残すための作品を制作する。
・【芸術】学校内や社会の問題について広く世に訴えかける作品を制作する。
・【理科】環境問題について学び、地球温暖化や水質汚染の調査や啓発活動に取り組む。
・【理科】生態系について学習し、コミュニティ・ガーデンをつくる。
・【社会科】移民関連の政策や問題を学習し、関連団体と連携して活動を行う。
・【社会科】選挙についての学習の一環で、投票を呼びかける活動を計画し実践する。

・【外国語】必要な単語を学習したのち、介護施設で高齢者に聞き取りをし、記録に残す。

(3) 生徒参加での市民性教育を支える多様なアクター

① 学区教育委員会の役割

ここまでみてきたとおり、シカゴ学区では、生徒に豊富な参加の機会を設け、それらを組み合わせながら市民性を育むことを大切にしている。シカゴ学区の市民性教育の推進担当者へザー・バン・ベンシューセン氏は、「市民としてのスキルや知識、態度はあらゆる授業を通じて育むことができるし、そうすべきだと思っています」と語っている。

学校全体で市民性教育を推し進めるための仕組みの一つに、学校評価での取り組みがある。シカゴ学区では、各学校が行う自己評価の項目の中に、市民性教育に関連する内容を含めている（表2）。これは、学校全体のさまざまな取り組みを市民性教育の視点から点検し、改善していくための支援ツールとして示唆的である。内容を見ると、社会科など特定の科目に限定した表現はみられず、あらゆる教職員の参加や協力が期待されていることがわかる。また、単に知識を学ぶだけでなく、生徒が教室や学校での議論、地域や社会の問題解決に参加できる環境づくりも重視されていることが改めて確認できる。

この学校評価の仕組みづくりにみられるように、シカゴ学区での市民性教育の展開においては、学区の教育委員会（事務局）も重要な役割を果たしている。教育委員会はほかにも、ビジョンや方

表2 シカゴの学校評価における市民性教育関連の項目例（抜粋）

思慮深い投票者や選挙プロセスへの参加者になる	・生徒は、地方や国の投票プロセスの歴史や構造、選挙の争点や候補者について学んでいる。 ・生徒の投票者としての準備や選挙プロセスへの参加をサポートする、さまざまな学校／教室での活動やシミュレーションがある。
時事的・論争的課題に関する議論に参加する	・生徒は、議論の準備をし、熟考しながら自身にとって重要な課題について学び、幅広いソースから論拠を評価し、対立する意見を考え、主張を組み立て、自身の意見を深めている。 ・生徒は、オンライン上で異なる立場の意見を調べ、相手を尊重し、思慮深く、生産的なオンラインでの対話に関与している。
生徒の声を行使する	・生徒は、学校の意思決定や方針策定に関わる複数の機構に参加でき、学校の意思決定では日ごろから生徒の視点が含まれている。 ・ステューデント・ボイス・コミッティーは、学校の多様性を反映し、学校の課題に取り組み、学校の方針や意思決定を伝達し影響を与えるため生徒たちから日常的に意見を集めている。
コミュニティに関与する	・生徒は、卒業までに最低2つのサービス・ラーニングのプロジェクトを完了し、市民的な組織、リーダー、生き方に出会っている。
解決策を提案するために協働して思慮深い行動をする	・生徒は、自身にとって重要な課題についての調査や分析、原因の特定、行動の理論の構築、関係する聴き手の決定、具体的な目標の設定、活動の実施、経験の前後や最中での振り返りを行っている。 ・生徒は、ソーシャル／デジタルプラットフォームを使い、課題に関する意識啓発、マルチメディアコンテンツの制作や流布、参加への巻き込みを行っている。
学校全体の市民性の文化を経験する	・学校のリーダーは、市民的学習へのコミットメントと、その重要性のビジョンを表明する。生徒は学校における市民的リーダーである。 ・学校は、学校や地域に関係した課題に取り組むプロジェクトを含め、カリキュラム全体にわたり市民的学習を統合している。 ・学校の教職員は、教科を越えて市民的学習を浸透させるために、研修の機会、協働する時間、カリキュラムのリソースを有している。 ・生徒が学校の方針、目標、教育、風土の形成に参加できる制度や構造がある。

出典：Chicago Public Schools, Guidebook to the Student Voice, Engagement & Civic Life Component of the CPS School Excellence Framework, 2018, p.4. をもとに筆者作成。

針の策定に加え、教職員や生徒への研修、役立つ情報やリソースの提供など、各学校の取り組みを支え、後押しするためのさまざまなサポートを行っている。教員のコミュニティやネットワークづくりも大切にされており、教育委員会の研修もそうした機会になっている。互いに悩みを相談し合える教員同士のつながりが、それぞれの現場で実践を進める支えにもなっている。

学区教育委員会の積極的なサポートの姿勢は、近年の人種差別問題や抗議運動を受けた対応にも表れている。2020年、アフリカ系アメリカ人のジョージ・フロイド氏が警察の逮捕中に死亡した事件を機に全米的に抗議デモが広がる中、教育委員会は公式Twitterを通じて「学校のコミュニティは、批判的に考えるための開かれた率直な議論への重要な場です」「私たちは、アフリカ系／ヒスパニック系の人々の権利を力強く、しかし平和的に支持するシカゴの人々を応援し、支持します」と表明するとともに、教員が生徒と一緒にこの問題に向き合い、考えるための教材やリソースの一覧を作成し、公開した。近年、社会の分断が深刻なアメリカにおいて、こうした問題を扱うことに苦慮する学校も少なくないが、シカゴ学区の教育行政による積極的なサポートは、各学校や教員が安心して取り組む助けとなっている。

また学区教育委員会は、生徒のアクションを応援する環境づくりにも積極的に取り組んでいる。シカゴ学区では年1回、生徒が授業や課外活動などで学校や地域、社会の問題解決に取り組む活動を行った学区中の生徒が集い、その成果を発表し合う場が設けられている。最近では、学区とオバマ財団とのパートナーシップにより、すぐれた活動を行った生徒や学校関係者を表彰し、報奨金を授与するアワードも始まった。このように自らが行った活動の評価が学校内で閉じることなく、学校外の社会でも評価されることで、生徒は自身の参加の意義を一層感じやすくなるだろう。

② 子どもの声やアクションを後押しするNPOとの連携

シカゴの市民性教育や生徒参加の機会は、学校関係者だけでなく、他のアクターとの連携によってもつくられている。シカゴを拠点に活動するNPO「ミクヴァ・チャレンジ」は、子どもや若者の市民性教育や政治・社会参加の機会づくりに長年尽力してきた団体で、豊富な実践の蓄積や知見をもつ。先ほどのSVCをはじめ、学区のプログラム開発やサポートにも携わるなど、シカゴ学区の重要な連携先の一つでもある。

ミクヴァ・チャレンジでは、「プロジェクト・ソープボックス」という独自のプログラムも展開している。これは生徒が自分自身や友人・家族、あるいは地域コミュニティに起きた社会的問題についてスピーチを行う活動である（「ソープボックス」とは演説用の台を意味する言葉である）。参加校は、まず英語や社会科といった授業でスピーチを実施し、場合によっては校内集会でスピーチ大会を行う。学校代表に選ばれた生徒は市内の学校が集うコンテストに出場する。演説は、動画配信サイトYouTubeにもアップロードされ、誰でも視聴できる。こうしたプログラムは、生徒への市民性教育の機会であると同時に、大人が生徒の声を聴くことでその価値に気づく機会にもなっている。また、さまざまな経験や背景をもつ子どもの切実な声を広く社会に届けることで、大人も一緒に社会のありようを見直していく契機にもなる。(17)

またミクヴァ・チャレンジは、市や教育委員会と連携し、高校生が市政に直接的に参加できる機会づくりにも取り組んでいる。「全市若者協議会（Citywide Youth Councils）」と呼ばれるプログラムでは、子どもの健康、学校教育、少年司法、住環境、治安・安全といったテーマ別の委員会に分かれて活動が行われ、それぞれ市内の高校生が参加している。メンバーは1年間かけてテーマに関する議論を重ねたのちに教育長や政策担当者などに提案を行う。これもまた、若い世代が自分たちの声に価値や影響力を感じられる機会の一つといえよう。

ミクヴァ・チャレンジのプログラムをコーディネートするジル・バス氏は、若い人たちは自分自身や社会のことについて「何か言いたいことがある」という。「子どもは無関心なのではない。彼らは招かれていないだけだ」というのが、ミクヴァ・チャレンジの考え方だ。だからこそ、地域や社会の中に、子どもが声を届けられる活動や仕組みを数多くつくり出しているのである。

4 アメリカ・シカゴの市民性教育の特質

はじめに触れたとおり、アメリカの市民性教育の実態は多様である。シカゴの取り組みは、社会的に不利な環境に置かれやすい子どものエンパワメントを目指し、『学校の市民的使命』でも示されたような多面的な市民性教育の方法を組み合わせながら模索を続ける、アメリカの中でも先進的で意欲的な事例である。むろん大規模な学区ゆえ、すべての学校や子どもに十分に質の高い実践を届けきれていないなど課題もあるが、それでも多くのすぐれた特徴をもっている。以下では、アメリカ全体の市民性教育の議論も参照しながら、シカゴの取り組みの特質をまとめておきたい。

第1に、公民科や社会科を核としながらも、学校全体で市民性の育成に取り組むことを目指している点である。これは『学校の市民的使命』にもみられるように、アメリカの市民性教育の考え方の特徴ともいえる。ただし実際にアメリカの学校で、同報告書で示されたような多面的な取り組みを実現できている学校は必ずしも多くない。しかし、社会への無力感を抱きやすい貧困層やマイノリティの子どもも多く学んでいるシカゴ学区では、重点的な市民性教育の取り組みが必要という強い認識のもとで、さまざまな取り組みを重ね合わせながら、彼らのエンパワメントを目指していた。そこでは、公民科での政治・社会参加に関する学習に加え、ステューデント・ボイス・コミッティーのような学校の問題解決への参加や、サービス・ラーニングなど地域・社会の問題解決への参加といった、豊富な生徒参加の機会を通じて、実際に自分たちの手で環境は変えていくことができるという効力感を培うとともに、さまざまなスキルや知識を育んでいた。

第2に、こうしたフォーマルなカリキュラムやプログラムだけでなく、日常的な関わりや関係性を通じて形づくられる教室や学校の風土も大切にされている点である。たとえば教室で一人ひとりの生徒が安心して発言や参加ができる心理的安全性に意識が向けられていたり、学区教育委員会も踏み込んだ話題を扱いやすくするためのサポートをしていた。また、生徒の声を尊重し受け止める民主的な学校風土や、地域コミュニティや社会の問題に関心をもちやすい環境づくりなど、学校全体の風土の重要性も示唆された。実は、近年のアメリカの市民性教育をめぐる議論でも、こうした風土の影響が注目され始めている[18]。学校における市民性教育は、質の高い教育実践だけでなく、それを支える教室や学校の風土があることで、より効果を高めることができると考えられるのである。

第3に、多様な政治・社会参加の方法や回路を視野に入れている点である。主権者教育というと、しばしば（国政選挙における）投票参加についての学習を想起しやすいが、アメリカの市民性教育では、より広く市民として社会に関わる道筋を学ぶことが目指されている。シカゴの公民科の授業もサービス・ラーニングも、投票はもとより社会に働きかけるさまざまな方法を学ぶ機会になっており、そうした視野の広がりは生徒にとって社会を変えていくことへの希望を見出すきっかけにもなると思われる。加えて、紙幅の関係であまり取り上げられなかったが、若年層を中心に近年広がりを見せる、オンライン署名やSNSでの運動など、オンラインでの参加を学ぶことも市民性教育の新たな課題とされており[19]（コラムも参照）、シカゴでも公民科の授業やさまざまな参加の活動で効果的に取り上げている。

第4に、社会的に排除されやすい立場に置かれてきた子どもを含め、あらゆる子どもの包摂とエンパワメントが模索されている点である。低所得層やマイノリティの子どもは、アメリカの「民主主義」の理想とはかけ離れた、差別や暴力、不平等を経験することも多く、教室で学ぶことと現実の経験とが乖離しやすい。シカゴの公民科のカリキュラムでは、こうした生徒の背景や生活経験を踏まえた内容を盛り込むことで、生徒たちの日常の経験と、授業で学ぶ政治・社会参加につながりを感じられるように工夫されていた。またSVCのような学校への参加においても、一部の生徒だけでなく、多様な生徒の声や参加を尊重することが大切にされていた。あらゆる生徒が「自分の意見や参加にも価値がある」と思える環境づくりといえよう。

第5に、各学校で市民性教育の取り組みを広く点検し改善につなげる仕組みが導入されている点である。市民性教育を学校全体での取り組みにしていくためには、教科の垣根を越えてさまざまな教員の理解や協力が不可欠である。保護者や地域住民の理解も大切であろう。シカゴ学区で試みられている学校評価の項目への組み込みは、学校のさまざまな関係当事者が市民性教育の視点から自校の取り組みを定期的に点検することで、そうした意識づけの機会となるとともに、課題を見出し、改善につなげていく仕掛けとして興味深い試みといえるだろう。

第6に、学区教育委員会やNPO、財団など、学校を取り巻くアクターによる支援や連携が行われていた点である。学区教育委員会は、教員への研修や情報提供といった直接的なサポートはもちろん、教員間のつながりづくりにも取り組むことで、ともに市民性教育を推進する実践者のコミュニティやネットワークを構築していた。またシカゴの取り組みにおいてはNPOも重要なアクターであり、学区のプログラムへの協力に加え、独自の取り組みを通じて、地域における子どもの声やアクションを後押ししていた。個々の学校の自助努力でできることには限りがある。とりわけシカゴのような地域では、学校はさまざまな教育課題を抱えており、またリソースも不足しがちである。だからこそ、こうした多層的な支援や連携を通じて、学区や地域全体で子どもの市民性育成を支えていくことが重要なのである。

コラム　アメリカの若者の政治・社会参加の今

アメリカでは近年、若者の政治や社会への関心が高まっている。２０２０年の大統領選挙における10～20代の投票率は約50％に達し、２０１６年の選挙から11ポイントも上昇した。投票だけではない。18～24歳への調査では、署名（２０１６年：34％／２０１８年：48％）、デモや行進（２０１６年：５％／２０１８年：15％）など、さまざまなアクションに参加する若者が増加傾向にある。[20]銃規制運動や、ブラック・ライヴス・マターなどの人種差別への抗議運動でも、若者の積極的な参加がみられる。彼らは自分たちが政治に積極的な世代であるという認識を有していて、１人ではないという感覚があり、ともに連帯し声をあげていくことで変化を生み出せると感じているようだ。[21]

こうした若者の政治・社会参加を特徴づけるのが、インターネットやSNSの活用である。若年層の約３分の２がSNSを通じて何らかの市民的・政治的な活動に参加していたという報告もあり、[22]大人世代に比べても高い割合である。しかもこのようなオンラインの活動には、人種・民族的背景を問わず幅広い若者が参加しやすく、いまや若者世代が政治や社会に関わる新しい回路として大きな意味をもちつつある。このため、さまざまな情報を適切に判断できるためのメディア・リテラシーの教育も課題となっている。また、オンラインの空間では自分と似た考えの人や情報に多く出会いやすく、異なる立場や意見への視野が狭まりやすい。このため、多様な考えに触れる場としての学校教育の役割が一層重要になっている。

【参考文献】

・Carnegie Corporation of New York & the Center for Information and Research on Civic Learning and Engagement（CIRCLE）（2003）The Civic Mission of Schools. College Park, Carnegie Corporation of New York and CIRCLE.

・Chicago Public Schools（2020）Ready for Civic Life: Educating for Democracy in Chicago Public Schools.

・Jeffrey, A. & Sargrad, S.（2019）Strengthening Democracy With a Modern Civics Education. Center for American Progress.

・Kahne, J., Bowyer, B., Marshall, J. & Hodgin, E.（2022）〝Is Responsiveness to Student Voice Related to Academic Outcomes? Strengthening the Rationale for Student Voice in School Reform〟, American Journal of Education, Vol.128, No.3, pp.389-415.

・Kahne, J., Hodgin, E. & Elyse Eidman-Aadahl, E.（2016）〝Redesigning Civic Education for the Digital Age: Participatory Politics and the Pursuit of Democratic Engagement〟, Theory & Research in Social Education, Vol.44, No.1, pp.1-35.

・Kahne, J. & Middaugh, E.（2009）〝Democracy for Some: The Civic Opportunity Gap in High School〟, in Youniss, J. & Levine, P.（eds.）Engaging Young People in Civic Life, Nashville, TN: Vanderbilt University Press, pp.29-58.

・McFarland, D. & Starmanns, C. E.（2009）〝Inside Student Government: The Variable Quality of High School Student Councils〟, Teachers College Record, Vol.111, No.1, pp.27-54.

・Levine, P. & Kawashima-Ginsberg, K.（2017）The Republic is（Still）at Risk- and Civics is Part of the Solution. Medford, MA: Jonathan M. Tisch College of Civic Life, Tufts University.

・Levinson, M.（2012）No Citizen Left Behind. Cambridge, MA: Harvard University Press.（＝メイラ・レヴィンソン著、渡部竜也・桑原敏典訳（２０２２）『エンパワーメント・ギャップ ― 主権者になる資格のない子などいない』春風社）。

・久保園梓（２０１８）「アメリカにおける「子どもの声」を基盤とした市民性教育プログラムの意義 ― プロジェクト・ソープボ

ックスを事例として――」『公民教育研究』第25号、49－62頁。
・古田雄一（２０１９）「米国イリノイ州シカゴ学区の市民性教育改革の方法と特質――格差是正に向けた学校全体での市民性教育実践の先駆的事例――」『国際研究論叢』第33巻第1号、69－84頁。
・古田雄一（２０２１）『現代アメリカ貧困地域の市民性教育改革――教室・学校・地域の連関の創造』東信堂。

【注】

(1) Carnegie Corporation of New York & CIRCLE (2003).

(2) 同4頁。

(3) 同20頁。

(4) ２０１９年時点で、40州とコロンビア特別区において、最低半年以上（このうち9州とコロンビア特別区は1年以上）の公民科の履修が高校卒業要件に含まれている（Jeffrey & Sargrad 2019）。高校卒業要件に公民科が含まれない州では、広く社会科の必要な単位数だけが指定され、その内訳は問われないという場合が多い。

(5) Kahne & Middaugh (2009)、古田（２０２１）。

(6) McFarland & Starmanns (2009).

(7) Levinson (2012＝2022).

(8) このため、文中で登場する担当者等は基本的に調査時点の情報であり、現在では替わっている場合もある。

(9) 学区が直接運営する（district-run）学校に加え、チャータースクールなども含む。

(10) Chicago Public Schools〝Stats and Facts〟https://www.cps.edu/about/stats-facts/（２０２２年7月23日最終確認）。

(11) Chicago Public Schools (2016) p.13.

(12) ２０１９年時点で、91%の高校が導入しており、全体では２４１校で導入されている（Chicago Public Schools 2020）。

(13) このほかシカゴ学区には、校長・保護者代表・住民代表・教職員代表で構成される委員が学校の方針を決める学校協議会（Local School Council）という機関が学校ごとに設置されており、高校においては選挙で選ばれた生徒代表が委員に加わる（従来生徒代表は1名であったが、２０２１年11月の選挙から3名に増員された）。この学校協議会への生徒代表参加も、学校運営への生徒参加の仕組みの海外事例として、しばしば日本でも注目されてきた。ただ、この学校協議会での生徒代表参加についても、実際にはともすれば〝お飾り参加〟に陥りやすいという課題も指摘されており、ＳＶＣはそうした生徒参加を補強していく取り組みの一つとして捉えられる。

(14) Kahne et al.（2022）.

(15) ２０１８年版のカリキュラムでの単元構成による。

(16) 「真正性」（authenticity）とは、その内容が教室の中に閉じたものではなく、現実の社会と結び付いていることを意味する。

(17) 久保園（２０１８）。

(18) Levine & Kawashima-Ginsberg（2017）.

(19) Levine & Kawashima-Ginsberg（2017）, Kahne et al.（2016）.

(20) Center for Information & Research on Civic Learning and Engagement "So Much for 'Slacktivism': Youth Translate Online Engagement to Offline Political Action" https://circle.tufts.edu/latest-research/so-much-slacktivism-youth-translate-online-engagement-offline-political-action/（最終アクセス：２０２２年８月３日）

(21) Center for Information & Research on Civic Learning and Engagement "Ahead of the 2018 Midterms, A New Generation Finds its Political Voice" https://circle.tufts.edu/latest-research/ahead-2018-midterms-new-generation-finds-its-political-voice/（最終アクセス：２０２２年８月３日）

(22) Kahne et al.（2016）.

アメリカの学校体系

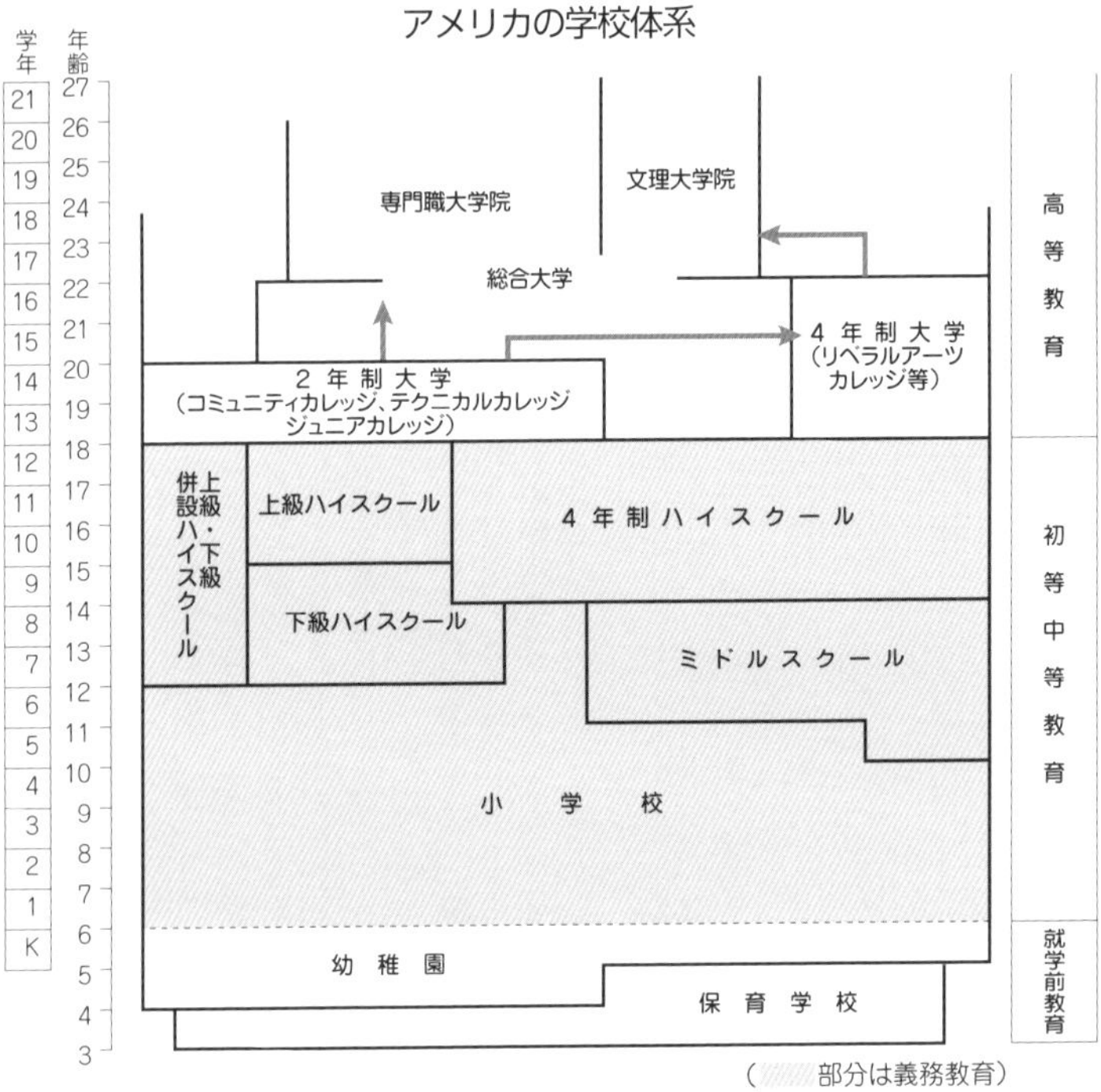

（　部分は義務教育）

就学前教育：就学前教育は、幼稚園のほか保育学校等で行われ、通常3～5歳児を対象とする。

義務教育：就学義務に関する規定は州により異なる。就学義務開始年齢を6歳とする州が最も多いが、7歳あるいは8歳とする州でも6歳からの就学が認められており、6歳児の大半が就学している。義務教育年限は、9～12年であるが、12年とする州が最も多い。

初等中等教育：初等・中等教育は合計12年であるが、その形態は6−3(2)−3(4)年制、8−4年制、6−6年制、5−3−4年制、4−4−4年制など多様であり、これらのほかにも、初等・中等双方の段階にまたがる学校もある。現在は5−3−4年制が一般的である。2017年について、公立初等学校の形態別の割合をみると、3年制または4年制小学校6.7%、5年制小学校34.7%、6年制小学校12.7%、8年制小学校9.2%、ミドルスクール18.0%、初等・中等双方の段階にまたがる学校8.4%、その他10.3%であり、公立中等学校の形態別の割合をみると、下級ハイスクール（3年または2年制）8.0%、上級ハイスクール（3年制）1.8%、4年制ハイスクール51.9%、上級・下級併設ハイスクール（通常6年）9.2%、初等・中等双方の段階にまたがる学校20.2%及びその他。

高等教育：高等教育機関は、総合大学、リベラルアーツカレッジをはじめとする総合大学以外の4年制大学、2年制大学に大別される。総合大学は、文理学部、文理大学院および専門職大学院（学部レベルのプログラムを提供している場合もある）から構成される。専門職大学院（学部）は、医学、法学などの専門職教育を行うもので独立の機関として存在する場合（専門職大学、専門職大学院大学）もある。専門職大学院（学部）へ進学するためには、通常、総合大学またはリベラルアーツカレッジにおいて一般教育を受け（年限は専攻により異なる）、さらに試験、面接を受ける必要がある。2年制大学には、ジュニアカレッジ、コミュニティカレッジ、テクニカルカレッジがある。州立の2年制大学は主としてコミュニティカレッジあるいはテクニカルカレッジである。

第3章

フランス

市民の育成をめざす共和国の学校、法令による生徒参加制度

大津尚志

1 フランスの教育制度

フランスの学校制度は、保育学校（3年）－小学校（5年）－中学校（4年）－高校（3年）－大学（3年）の単線系である。フランスは「単一不可分の共和国」であり、地方による制度の違いはない。2019年に、義務教育は3歳から18歳までの15年間と延長された。16歳から18歳は高校以外においても職業訓練などで義務教育をうけているとみなされることはある。また、留年があるので、高校3年生まで到達することなく義務教育を修了することはありうる。留年率は最近低下しているが、普通・技術高校3年生の4人に1人は留年を経験している。

教育の目的は「知識の伝達、加えて共和国の価値を共有させること」にある（教育法典L111－1）。「共和国の価値の共有」とは、自由、平等、人権の尊重、脱宗教性（ライシテ）などの共和国の一員としてもつべき市民としての価値観を教員と生徒で共有することを意味する。それは同時に、共和国の一員として批判的に思考し自分の判断ができ、学校や市町村、共和国とかかわることができる市民の育成を目的とすることでもある。

教科名および教育内容は学習指導要領（programme）が定めている。フランスの教育は学問（science）を教えることが中心といわれる。しかし、道徳教育がまったく行われていないわけではない。現在では小学校、中学校、高校ともに「道徳・市民（enseignement moral et civique）」

科が設置されている。道徳教育は、自由、平等、人権の尊重などの「共和国の価値」を基礎として行われる。そういった価値教育については教科外活動を通じても行われる。学習指導要領の背景となるものとして「知識、コンピテンシー、教養に関する共通の基礎」が定められていて、その第3領域が「人および市民の育成」(1)である。そこで、「責任、かかわりとイニシアティブの感覚」については、以下のように述べられている。

> 児童生徒は協力して、他者に向かって責任を感じる。自分にまた他者に向かってかかわることを尊重する。市民生活における契約の尊重の重要性を理解する。児童生徒は学校生活（集団行動、計画、機関）に身を投じること、民主主義のツール（とりわけ議事日程、議事録、投票）に頼ること、集団生活や環境の様々な面で他者の見方とかかわることの重要性を理解する。
> 児童生徒はイニシアティブをとり、計画の実施にかかわり、行動の結果を評価した後に、未来への方向付け、大人の生活を準備する。

フランスにおいて、若者が活発にデモやストライキなどを行い、それが時には社会に影響力をもつことはある。1990年に暴力事件に端を発して校内の治安の悪化に対して抗議がおきて、高校生は安心して授業をうけるだけの措置を求めた。その後、生徒の教育改善のための予算措置がとられたことはよく知られている(2)。

写真１　高校の教科書に掲載されるデモの写真

その後も主として若者にかかわる問題や、教育改革・高校改革が行われるときに高校生が声をあげることはしばしば起きている。その例をあげると、大きな教育関係の法律（２００５年フィヨン法、２０１３年ペイヨン法、２０１９年ブランケール法）が制定されようとしたとき、高校（教育課程）改革・バカロレア改革（数回にわたる）が行われたとき、雇用問題など若者に関する立法が行われたとき、国際的に問題視されたとき（２０１９年の気候問題、スウェーデンの高校生グレタ・トゥーンベリさんの影響はフランスにも及んだ）がある[3]。

　特に高校教育やバカロレア改革という自分たちの問題については、「自分ごと」として高校で討論集会が行われる、学校外でデモが行われる[4]などの「声をあげる」動きがあることには注目すべきであろう。

　なお、学校関係者がデモを行うことに関しては、高校「道徳・市民」教科書にも掲載されていることがある。写真1は教科書に掲載されているものであるが、「2019年春、フランスでは他の国と同様に若者の気候変動に対する動員があった。デモを行っている人の要求を正確によみとりなさい。」という問いがつけられている。(5)

2　フランスの市民性教育をめぐる背景

フランスでは長く、宗教教育（カトリック）を中心とする道徳教育が行われていた。1882年法により公教育から宗教を排除するという原則（ライシテ）となってから、市民の育成が公教育の中心課題となった。従来から存在した「道徳・宗教」科は、「道徳・市民」科に名称を改められた。それは、宗教にかわるあらたな道徳を公教育で教えるようになったことを意味する。

その後、教科名としては幾度もの変遷があったが、2015年以降は「道徳・市民（enseignement moral et civique）」科が小学校、中学校（コレージュ）、高校（リセ）ともに学習指導要領上おかれている。道徳・市民科だけでなく、たとえば、フランス語で「言いたいことがいえる」「人の言うことが聴ける」能力を高めること、地理で「国際理解」を高めること、体育・スポーツで「協力、ルールを守る」ことを学ぶこと、理科で環境の保護について学ぶことなど、すべての教育が共和国内で「共に生きる」ための市民性教育につながると考えられている。

小学校・中学校の道徳・市民教育は、とりあげられる内容の領域、コンピテンシー（知識、技能、能力、態度をもとに、ある社会的文脈で問題を解決する力）としては、「感受性」「権利と規則」「判断」「かかわり（engagement）」という4つがあげられている。(6)「感受性」とは異なる考えをもつ人とも「共に生きる」ための感受性である。「権利と規則」では、学校や共和国にはどのような規範があるのかということについて扱う。背景として憲法や国際条約、校則などがある。「判断」とは認知的次元にあり、自分の判断ができることが求められる「かかわり」とは実践的次元であり、実際の行動に結びつけることが関係する。それには学校内における参加も含められる。かかわりに関するコンピテンシーに関しては、中学校学習指導要領は以下のものをあげている。(7)

・適切な参加について責任をもつこと。
・他者に対して責任をもつこと。
・学校において参加し、責任をひきうけること。
・集団生活であること、環境に責任をもち、市民的意識を発展させること。
・学びや作業を通して考えることを豊かにし、共同作業ができるようになること。

ある教科書では、「中学校におけるかかわり」という項目があり、そこでは「生徒の仲裁によって学校内における問題を解決する」「中学校におけるいじめ」「中毒とたたかう」といった項目がかかげられている。日常生活においてかかわること、その背景に「連帯」「友愛」といった共和国の価値があることが示されている。(8)すなわち、かかわりについては、学校内での参加、日常の行動を関与させたうえで教えられているといえる。

なお、フランスでは主権者教育という語句が使われることはなく、「市民教育（enseignement civique, éducation civique）」あるいは、「市民性へ向けての教育（éducation à la citoyenneté）」が使われる。それは教科教育（特に、「道徳・市民」科を中心に）を通して行われることももちろんある。本章では生徒参加にかかわる教科外の活動を中心に扱うこととする。

3 生徒参加と市民性教育に関する取り組み

フランスの中等教育における生徒参加制度は、1968年の大学紛争が生じた時期から徐々に整備がはじまり、さまざまな改変を経て現在にいたっている。現在の生徒代表制度を図示すると、次ページの図のようになる。生徒参加制度が発足した当時は十分に機能しないなど否定的な評価も散見されたが、制度が軌道にのりはじめたという評価は子どもの権利条約の批准（1990年）の頃と考える[9]。

現在では、学校が民主主義を学ぶ場所として位置づけられていて、そのための参加制度という意味合いも強くなってきている。「政治家を選ぶ選挙、政治家、議会、法律、共和国」が「生徒代表を選ぶ選挙、生徒代表、学校管理評議会、校則、学校」になぞらえることが考えられている。フランスにおける校則では法令が引用されることも多い。高校の校則においては「高校生に表現、結社、

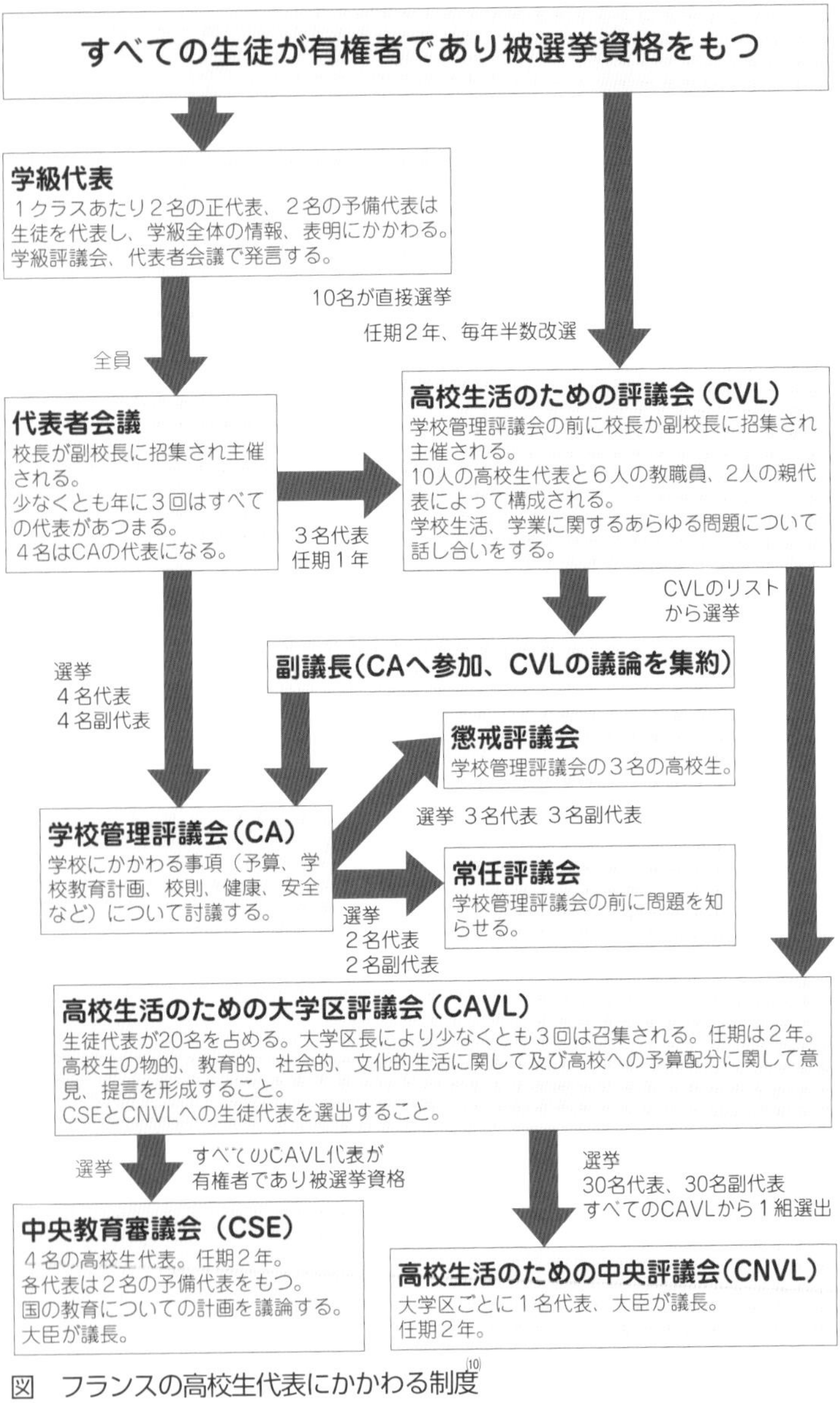
すべての生徒が有権者であり被選挙資格をもつ
学級代表
1クラスあたり2名の正代表、2名の予備代表は生徒を代表し、学級全体の情報、表明にかかわる。学級評議会、代表者会議で発言する。
10名が直接選挙
任期2年、毎年半数改選
全員
代表者会議
校長が副校長に招集され主催される。
少なくとも年に3回はすべての代表があつまる。
4名はCAの代表になる。
3名代表
任期1年
高校生活のための評議会（CVL）
学校管理評議会の前に校長か副校長に招集され主催される。
10人の高校生代表と6人の教職員、2人の親代表によって構成される。
学校生活、学業に関するあらゆる問題について話し合いをする。
CVLのリストから選挙
副議長（CAへ参加、CVLの議論を集約）
選挙
4名代表
4名副代表
懲戒評議会
学校管理評議会の3名の高校生。
選挙 3名代表 3名副代表
学校管理評議会（CA）
学校にかかわる事項（予算、学校教育計画、校則、健康、安全など）について討議する。
常任評議会
学校管理評議会の前に問題を知らせる。
選挙
2名代表
2名副代表
高校生活のための大学区評議会（CAVL）
生徒代表が20名を占める。大学区長により少なくとも3回は召集される。任期は2年。
高校生の物的、教育的、社会的、文化的生活に関して及び高校への予算配分に関して意見、提言を形成すること。
CSEとCNVLへの生徒代表を選出すること。
選挙
すべてのCAVL代表が有権者であり被選挙資格
選挙
30名代表、30名副代表
すべてのCAVLから1組選出
中央教育審議会（CSE）
4名の高校生代表。任期2年。
各代表は2名の予備代表をもつ。
国の教育についての計画を議論する。
大臣が議長。
高校生活のための中央評議会（CNVL）
大学区ごとに1名代表、大臣が議長。
任期2年。

図　フランスの高校生代表にかかわる制度[10]

集会、出版の自由」を定めた1991年の政令がよく引用される。学校内で貼紙や印刷物の配布をする場合は校長の許可は必要であるが、校長は不許可（政治・宗教のプロパガンダなどはこれにあたる）の場合は学校管理評議会に後日報告する義務があるので、恣意的な運用は許されない。なお、小学校においては生徒代表制度は制度化されておらず、学校の判断による設置が行われているところはある。

(1) 学級での生徒参加

① 学級評議会

フランスの中学校・高校では各クラスから代表2名が選出される。学級代表はクラス担任の授業中に選出される。あらかじめ、立候補期間がさだめられ、クラスで正代表2名・副代表2名（副代表は正代表が事情で会議に出席できないときに代理をつとめる）が組になって立候補する。多くの場合クラス担任の授業時間を使って、立候補者がスピーチをしたあとに、投票を行う。投票は第1回投票で過半数に達する候補者がでなかった場合は規定の通りに「決戦投票」を行う「2回投票制」であり、それは大統領選挙のときなどと同じである。

学級評議会は文字通り学級ごとに開かれるものであり、校長（または副校長）、担任、生徒指導専門員（CPE）、進路指導心理専門員（COP）、保護者代表（2名）、生徒代表（2名）、学校職員などで構成される。年に3回、学期ごと開催される。保護者代表に関しては、別に選挙がある。

写真2　中学校での投票風景（筆者撮影）

郵送投票などがなされる。フランスには保護者代表のアソシエーションが複数あり、それはそれぞれ左派・右派の政治結社と事実上の関連はある。

学級評議会で議題となるのは、学級内の教育上の問題について、学業成績上の問題、進路指導上の問題についてである。クラス内でたとえば「○○の授業中はざわついている生徒が多い」というような情報を共有する場でもある。生徒一人ひとりの成績についても、各教科の点数とコメントが書かれた一覧表が作成されて出席者により審議にかけられ、必要があれば議論される。なお、会議にだされた生徒の成績が訂正されることは記載ミスがあったときくらいであるが、それもありうる。

生徒の進路指導については、フランスの中学最終学年では、進学先（普通・技術・職業高校など。技術・職業高校は多くのコースにわかれる）を入学試験ではなく成績と本人の希望などによる進路指導で決定する。

各学期の成績および進路指導に関して、一人ひとりの成績状況について学級評議会で確認がとられてオーソライズされる。場合によっては、各学年度末には留年の判定がでることもある。フランスの中学・高校は「授業で勉強をする場」であって、部活動にそのままあたるものはない。先輩・後輩にあたる観念はなく、留年することが恥であるという観念も少ない。留年の判定は3日以内に保護者に通知されることになっているが、学校外の上訴委員会で再審議してもらうことは可能である。再審議で判定がくつがえることも頻繁にある。

コラム1　フランスにおける生徒代表育成の教育

フランスの中学校・高校では教科指導をする教員のほかに「生徒指導専門員」が配置されているが、生徒代表の育成は代表制度が実質的に機能するために必要なことであるが、生徒指導専門員が主に担当する仕事である。そのために作成される冊子は、代表制度の説明、代表選挙とはクラスの多数派の声を通して信任を受けること、クラスの生徒と代表は委任（mandat）という契約関係にあること、などを説明している。

代表の役割として、評議会の前にはクラスの問題（たとえば、同級生が常に欠席していること、クラスの雰囲気がすごく悪いこと、教師が授業中ものすごく早く話すこと、など）、その原因、解決策、などを把握しておくことがあげられる。[11]

評議会の最中は、事前に同級生と相談したことをうけて学級生活上の問題について大人の前で発言する役割がある。個人的な見解のみに基づいて発言してはならない。あらかじめ質問を用意しておく、あるいは他の出席者からの質問に対して、その応答をメモしておく必要がある。その記録は分析して要点をまとめなければならない。「クラスの全般的な雰囲気について」「学習の条件について」「クラスでおきている特別な問題について」「幾人かの生徒について」「個人的問題について（場合によっては、関係のある生徒の許可を得てから話す）」といった領域がある。[12]

評議会の後は議事を同級生に伝える仕事がある。伝えるときは、特別の事項に深入りしないこと、あなたたち（vous）でなく、私たち（nous）を使う（あくまで、代表はクラスの一員としてであること）、代表者は援助する役割であって単なる報告ではないこと、などが、生徒指導専門員から注意事項としてあげられることがある。[13] 後の報告は「学級生活の時間」（月に一度ある、ホームルームに近い時間）が使われることが多い。

(2) 学校内での生徒参加

① 学校管理評議会

学校管理評議会（conseil d' administration）は、さまざまな権限をもつ。フランスの学校は校長よりも学校管理評議会が動かしている。招集がかけられるのは、年に3回（学期ごとに1回）である。

学校管理評議会のメンバーは、校長（議長）、副校長、管理部門長、生徒指導専門員、特別支援教育担当者、教職員代表（うち教員代表7名、事務職員代表3名）、高校では父母代表5名、生徒代表5名（中学では父母代表7名、生徒代表3名）、地域代表2名、市町村（連合）代表2名、などからなる（教育法典R421-16）。父母代表、生徒代表は選挙を通して選ばれる。地域・市町村代表は学校管理評議会によって任命される。

合計約30名で、うち教職員代表および父母・生徒代表がそれぞれ3分の1を占める。過半数の出席があるときが定足に達する。議決の際に投票はすべての代表がおなじ1票を持つ。すなわち、校長の1票も生徒代表の1票も同じ価値であり、採決は秘密投票で行われる。

フランスでは、校長が単独で決定できることは少ない。学校管理評議会の票決をもって決定することは、学校予算、学校教育計画（projet d' etablissement）、校則の改廃といった学校経営の根幹にかかわること、保護者の学校参加に関する情報提供にかかわること、衛生・健康・安全にかかわること、暴力やいじめ防止にかかわること、などがあげられる。

学校管理評議会が同意を与えることとしては、「保護者への連絡とともに進路指導を行うこと」「スポーツ関係のアソシエーション」「修学旅行」「グループへの加入」「契約の締結」などがある。学校管理評議会が意見をだすことは、選択科目の改廃、教科書の採択、登校下校時間の改訂、などがある。

学校教育計画は3～5年ごとに作成される。学校にかかわるデータ（たとえば、生徒の出身階層、学力テストの結果など）を分析し、それぞれの環境に適応した計画を文書化するものである。その形式・分量などは各学校によってさまざまであるが、多くの学校で基本方針、教育実践にかかわること（教員の加配など）、学校の環境への対応（学校と周辺にある企業との結びつき、文化機関との連絡、外国を含めた他校との交流など）などが規定されている。

校則の改廃についてはー例をあげると、2019年に生徒の懲戒手続きに関する省令、通達がだされた（停学処分のあとに保護観察期間、重大な暴力事件への対応など）。それをうけた校則の修正が各学校でなされている。

フランスの校則は憲法、条約、法律や国民教育省の省令、通達の下位規範である。校則と法令などは矛盾がないようにつくられている。

ある高校の2016年11月（9月新学期のあと、年度内1回目）の学校管理評議会の議事録をみてみよう（議決がとられたものは、棄権、反対票の数が記されている）
1　前回の議事録の確認
2　新学期にかかわる事項
・バカロレア・グランゼコール入試結果、バカロレア以降の進路状況の報告。学校生活について。スポーツ・アソシエーションの年次報告。高校生活のための評議会（CVL）の計画（新入学生紹介、女子サッカー大会、CVL規則の実質化、中庭の生徒用トイレの増設、コピー機の増設、Wi-fi環境の改善、スエットシャツのロゴのコンクール、図書館の開館について、Facebookのページ開設など
・特別の目的に関する補助金について
・職務について
・2016-2020の計画に関する同意について
3　修学旅行について（行先として4か所を決定）
4　物的状況、財政について
(a)　2017年予算
(b)　契約、協定
・協定（別の高校から寄宿生の受け入れ協定、演劇を選択で勉強するための劇場と、アソシエーションとの協定、など）
・取引契約に関する、財政上の帰着に関する、学校管理評議会から校長への委任
・エレベーター、入校管理、コピーなどの契約について（コピー機のメンテナンスに関しシャープ社との契約など）
・クラヴェル氏の遺贈について
・共同での食事料金、共有物の資料料金について

・住居の移譲について

学校の方針など重大な事項の決定は、生徒の意見を反映する過程が保障されたうえで行われている。それは、生徒にとって「民主主義を習得する」ことである。

他にも、学校内には常任評議会と懲戒評議会がある。常任評議会は、必置ではないが学校管理評議会が開かれる前に議題の整理を行う。懲戒評議会は、生徒の懲戒処分をくだすときに開かれる。「パリ20区、僕たちのクラス」（原題Entre les murs）という映画があったが、そこでもある生徒の退学処分の決定をするときに評決がとられた。その際は、校長の1票も生徒代表の1票も同一のものとしてカウントされる。

② 中学・高校生活のための評議会

学校管理評議会とは別に校内にある評議会としては、「中学生活のための評議会（Conseil pour la vie collégenne（CVC））」「高校生活のための評議会（Conseil des délégués pour la vie lycéenne（CVL））」がある。代表は全国生徒から直接選挙で選出される。文字通り、学校生活にかかわる評議会である。

CVLは2000年から設置されるようになった。生徒から選出されるのは定員10名である。任期2年で毎年5名ずつが半数改選される。校長が主催し、教職員代表8名、父母代表2名の参加枠は決められている。

写真3　高校生活のための評議会選挙で立候補者が掲示したポスター（筆者撮影）

学校運営に関して大きな権限をもつ学校管理評議会が開かれる前には開催されることが義務付けられ、高校生の学習や生活に関する条件について話し合う場がもたれる。

以下の内容を議題とすることは義務となっている。

・学習と学校時間の組織について
・学校教育計画、校則の改定案について
・学習組織、生徒の補習の組織について
・進路指導（学校・大学で学ぶこと、職業キャリア）にかかわる情報について
・高校生活にかかわる健康、衛生、安全、掃除について
・スポーツ、文化、学校周辺活動について

文字通り高校生活にかかわることが議題とされる。議論される対象となる領域は学業関係と、課外活動関係に大きくわけられる。ＣＶＬにおける提案を通してフェスティバルやスポーツ大会、他校との交流

写真４　高校で投票する生徒（筆者撮影）

の機会が設定されるなど、課外活動を高校生による自治として行う機会になっている。

ＣＶＣは２０１６年に政令で新たに設置されることが決定された。中学校にも新たな評議会が設置されるようになった。校長により主催され、生徒代表、最低２名の教員代表、最低１名の親代表がメンバーとなる。ＣＶＣが提言することは、学校組織全体にかかわること（学校教育計画、校則など）、個人の学習や外国の学校との交流にかかわること、生徒の満足感や学校の雰囲気にかかわること、芸術・文化教育、進路指導、健康教育にかかわること、などと政令が定めている。ＣＶＣははじまったばかりの制度であるが、高校に比べて規模は小さく、ＣＶＬの準備段階といってもよいであろう。高校の生徒代表制度がうまく機能するためには、コレージュ（あるいは小学校）で代表について学ぶ機能が保障されていることが必要である。

コラム2　高校生の家（Maison des lycéens：MDL）

フランスの中学校、高校には日本の「部活動」にそのままあたるものはない。「社会的・教育的ホワイエ」が当初は中学校、高校ともに設置されていたが、1991年から高校では「高校生の家（Maison des lycéens：MDL）」という結社（アソシエーション）がおかれるようになった。高校生がみずから組織運営できる権限をもつという違いがある。

週1回程度、芸術（コーラスなど）、文化（学校新聞作成など）、スポーツ（ヒップホップダンスなど）といった活動を行っている。フランスの中学・高校生にとって体育・スポーツ活動の場としては、部活動ではなく学校内外のアソシエーションが機会を提供してくれる。アソシエーションは学校内で完結する組織とはかぎらず、複数の学校の生徒が合同してスポーツを行う機会となることもある。体育科教員が学校内の施設を使用して「アソシエーション」にて自分の得意とするスポーツの指導を担当することも、職務の一環（担当の義務がある授業コマ数に含む）として位置づけられている。

MDLは学校内の市民性育成の場の一つである。高校生の家というアソシエーションをつくる自由は、1901年の結社法に基づいた「結社の自由」の一環として理解されている。現在では16歳以上であれば結社する自由は法律上認められている。部長、書記、会計ともにメンバーである生徒たちから選挙された生徒によって担われ、生徒自身により運営される。自律と責任を学ぶ場である。次いで、組織を運営し、活性化するための能力を身につけ、協力の精神を学ぶ場である。

さらに、高校生の家連盟（Fédération des maison des lycéens）が2015年からつくられている。それは、他校との交流の場であり、差別に反対し、環境の保護といった主張も行っている。フランスではさまざまな高校生による結社（校内のみのものも、学校外のものも）が行われていて、16歳からは自由の行使がなされている。それは、市民性を行使する一環である。

(3) 学校の枠をこえた生徒参加制度

フランスの高校内には高校生活のための評議会（CVL）がおかれているが、さらに大学区（フランスを30にわける行政単位）および全国単位で、高校生活のための大学区評議会（CAVL）、高校生活のための全国評議会（CNVL）が設置されている。さらに、中央教育審議会（Conseil supéieur de l' éducation（CSE））は、委員は98名であるが、そのなかで、4名が高校生代表枠として、高校生の参加機会として保障されている。

CAVLは大学区長と、CNVLとCSEは国民教育大臣と高校での学業についておよび高校生活の根本にかかわる事項について、意見を交換する場所となっている。

CVLの評議員の投票によってCAVLの評議員が選出され、CAVLの評議員の投票によってCNVLの評議員が選出される。CSEの高校生代表枠の4名もCAVLの評議員によって選挙される。たとえば、現在高校生枠で中教審委員でもあるカリウス君は、ローザルクセンブルク高校のCVL委員、モンペリエ大学区CAVLの委員となり、さらに中教審委員にも選出された。

CAVL、CNVLの高校生代表枠の選挙は、いずれも正代表2名・副代表2名、合計4名が1組になって立候補する。投票は単記、秘密投票であり、「2回投票制」によって選挙される。その点は、学級内で行われるクラス代表選挙と同じである。代表として立候補する2名は男女1名ずつであること、代表とその代理をつとめる副代表はそれぞれ同性でなければならないという規定がある。フランスの国政選挙においてはパリテ（男女同数）が求められることがあるが、ここにも影響がある。投票は郵送で行われる。

CAVLは、最大40名のメンバーで開催される。評議員の半数は高校生で、任期2年となっている。高校生評議員は大学区内の普通・技術高校、職業高校、地域適応学校（特別支援学校）の3グループに定員が割り振ることが決められているが、その割合については各大学区で決定される。生徒代表以外のメンバーとしては、国・地方教育行政関係者（大学区視学官、校長など）が大学区長により任命される。任期は3年である。父母代表関係者や、他の行政機関の関係者も参加する。

たとえば、ナンシー・メス大学区のCAVLは2019年4月には「各学校において、〝いじめとたたかう代表〟の育成について」や「2018－2020年の大学区の活動計画について」「高校生活のための評議会（CVL）と中学生活のための評議会（CVC）の連携について、CVL間の連携について」などが議題となっている。たとえばバカロレア（大学入学資格と後期中等教育修了にかかわる資格試験）改革といった議題についてCNVLや大臣と動画中継をむすんでビデオ会議を行っている。

2019年にはモンペリエ大学区内のヴィクトール・ユーゴー高校では「高校生活評議会」での女子生徒の発言をきっかけに「学校内の生理用品無償配布」がはじまった。さらに、同高校に大学区高校生活評議会の委員がいたこともあって、モンペリエ大学区すべての学校でディスペンサーの設置が行われて無償配布となった。[14]

CNVLは、64名で構成されるがうち60名は30ある大学区のCAVLから選出される。残りの4名はCSEの高校生枠代表が兼任して出席する。評議員の任期2年である。

2019年4月のCNVLでは、「気候変動、持続可能な開発、生物多様性」が議題となった。CNVLの高校生と大臣がツイッターで公開討論を行うこともあった。すべての高校から集められた意見をCAVLを通して集約して高校生は大臣に提出した。大臣は高校生のイニシアティブに基づいて次の5点を提案した。

・持続可能な開発についての教育の時間を増やす（エコラベルなど）。
・CVLにおいて持続可能な開発を、大きな関心事にする。
・非汚染のための「クリーンウォーク」を支援し促進させる。
・学習指導要領、学校教育に持続可能な開発をとりいれる。
・エコロジーの役目を支援する

その後実際に、2020年7月には小学校・中学校の「道徳・市民」科の学習指導要領が改訂され、環境にかかわる事項が多く追加された[15]。

CSEは教育という公役務の目的と機能について、学習指導要領や試験、学位などに関する規則について、私立学校について、教育にかかわるあらゆる問題について、意見を述べることができる（教育法典R232－1）。2020年2月の例をみると、昨今議論されてる、高等教育1年次に入学に関する計画や、高等教育進路選択システム（Parcoursup）などについてが議論されていた。原案が提出され議決にかけられるが、政令案などの提案が否決されることも頻繁にある。審議は実質的に行われているといえる。

CSEの委員の定員は98名である。教職員代表は48名（うち、公立初等中等教員代表が20名、生徒指導専門員などの代表が3名、私立学校の代表が7名など）、公立学校の父母代表が9名、などの枠が決められているが、4名（正代表）が高校生および特別支援学校生徒の代表枠となっている（教育法典R231－2）。

フランスでは、高校生の年齢になれば地方・中央ともに政治に影響を与えることが可能な機会が保障されている。高校生が高校教育（課程）改革や高等教育進学など自分たちが直接かかわる問題について意見を表明し、中央政府や大学区に影響を及ぼす機会が保障されているといえる。フォーマルな機会のみならず、各学校で集会が行われたり、デモが行われることもある。高校生による団体の結社もある。

4 フランスの市民性教育の特質

フランスの市民性教育の特質として、以下のようなことがあげられる。

第1に、学校教育全体が「市民の育成」のためと位置づけられているところである。中心は「道徳・市民」科であるが、すべての教科が市民性の育成に関連づけられると考えられている。一例をあげると「歴史・地理」科ではさまざまな社会問題を扱い、資料（Documents：歴史を示す文章、絵、論文、写真、年表、日記などさまざまなもの）を読んで、それから読み取れることを文章化する、自分で自分の考えを構築することが求められる。それは、市民として自分の見解をもつことにつながる。(16)

高校「道徳・市民」科の学習指導要領に「道徳・市民教育は、児童生徒を責任ある自由な市民になるように援助する。自分の権利と義務を自覚し、批判的な感性を持ち、倫理的な態度（comportement）を自分のものとして取り入れることができる。」とある。

道徳教育は行われるが、あくまで自由な主体として判断を行使できるようになることが求められている。さまざまな問題を通して権利や義務について学び、批判的に考えることができ、自分の考えをもつことがめざされる。

第2に「生徒参加」制度の充実が、学校内、学校外ともに充実していることである。これまで述べてきたように各種の評議会を設置することが法定されている。

学校自体が「民主主義の習得の場」と位置づけられることがある。学級内で代表を選出すること、学校内において、生徒代表選挙があり、学校管理評議会があり、校則が制定されることは、共和国において国政選挙があり、国会があり、法律が制定されることとパラレルであると考えられている。校則は学校における法律という位置づけであり、校則は共同生活のルールであり、さまざまな権利を保障するものである。校則についての学習も行われ、それは中学終了時の試験問題にだされたこともあるくらいである[17]。

大学区高校生活のための評議会では、大学区長が、全国高校生活のための評議会では国民教育大臣が議長を務める。高校生が行政府の長と直接交流する機会もある。

第3に、学校内での民主主義がなりたつための条件が整備されているところである。既に触れたように集会、出版、結社、貼紙の自由が校則に明記されていることは多い。校則は生徒手帳に掲載されていて、それを通して高校生に周知されている。結社の自由に関しては、学校外に高校生の団体（アソシエーション）がつくられている。例をあげると、高校生の権利（droits des lycéns）という団体は、かつて中教審委員だった生徒がいた団体であるが、「いじめ・ハラスメント・差別に反対する、学校の民主主義、大学入学者登録制度、男女平等」を問題とすることを表明し[18]、高校内での生徒の身分や校則、予算や活動の問題の無料相談に応じることを述べている[19]。校内で社会問題（たとえば、難民問題、気候変動問題など）に関する学習は広く行われるが、場合によっては校内に貼紙が提示されたり、集会やデモが行われることもある。高校生に民主主義がなりたつための前提となる、権利の保障が明確になされているところがある。

【参考文献】
・大津尚志（2016）「フランスにおける学校参加制度」『人間と教育』第89号、104－111頁。
・大津尚志（2019）「フランスのアクティブ・シティズンシップ教育」白石陽一・望月一枝編『18歳を市民にする高校教育実践』大学図書出版、190－218頁。
・小野田正利（1996）『教育参加と民主制』風間書房。

【注】
(1) 翻訳・解題として、大津尚志「フランス『共通の基礎』における『人間性』に関する記述」『学校における教育課程編成の実証的研究報告書2 諸外国における人間性の涵養』国立教育政策研究所、令和2年度プロジェクト報告書、研究代表者 鈴木敏之、2021年、153－155頁。
(2) たとえば、小野田正利「フランスにおける学校への生徒参加」『子どものしあわせ』第463号、1991年、66－70頁。
(3) 大津尚志「フランスにおける生徒の権利と学校・社会・政治参加」勝野正章ほか編『校則、授業を変える生徒たち』同時代社、2021年、189－212頁。
(4) 一例をあげると、https://www.lemonde.fr/societe/article/2018/12/10/entre-100-et-120-lycees-sont-perturbes_5395280_3224.html 参照。
(5) Histoire géographie enseignement moral et civique, Tle, Bac pro, Foucher, 2021, p.116.
(6) B.O., no.30 du 26-7-201、大津尚志「フランスにおける2018年版『道徳・市民』科学習指導要領」『教育学研究論集』第16号、2021年、67－71頁。
(7) Ibid.
(8) Histoire géographie enseignement moral et civique, 4e, Nathan, 2016, pp.332-341.
(9) (3)と同じ、189－212頁。

⑽　Durand D., Délégué Flash 2014, CRDP de Grenoble, 2013, pp.52-53, Elèves engages: vos projets, vos mandats, CANOPE, 2014に基づき大津が作成。
⑾　Jean-Marc Cimono, Le livret du délégué au college, Canopé, 2016.
⑿　Ibid.
⒀　ジャン・ゼイ高校（パリ郊外）、生徒指導専門員による「代表」むけに作成された冊子による。
⒁　参照、https://cocreco.kodansha.co.jp/general/topics/health/xAG5n?page=3
⒂　前記注⑹と同じ。
⒃　大津尚志「フランスの学校　歴史において育成されるコンピテンシー」細尾萌子編『大衆教育社会におけるフランスの高大接続』広島大学高等教育開発センター、高等教育研究叢書１６４、２０２２年、39－52頁、参照。
⒄　大津尚志『校則を考える』晃洋書房、２０２１年、87－１０２頁、参照。
⒅　https://droitsdeslyceens.com/nos-interventions/
⒆　https://droitsdeslyceens.com/nos-engagements/

フランスの学校体系

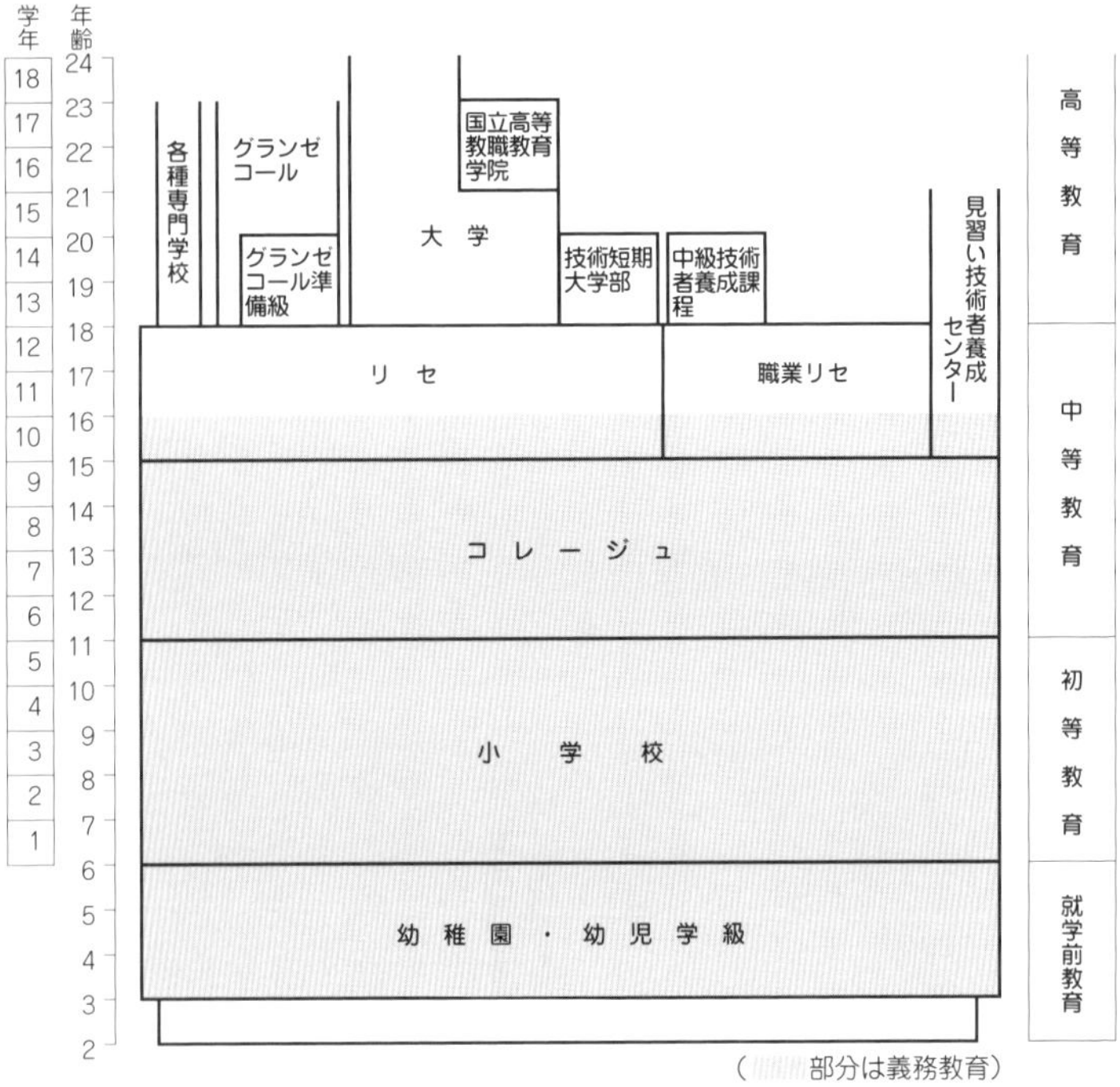

就学前教育：就学前教育は、幼稚園または小学校付設の幼児学級・幼児部で行われ、2～5歳児を対象とする。

義務教育：義務教育は3～16歳の13年である（義務教育開始年齢は2019年度から6歳から3歳に引き下げられた）。義務教育は年齢で規定されている。留年等により、義務教育終了時点の教育段階は一定ではない。2020年度より、16～18歳は教育・訓練等に従事することが義務づけられている。

初等教育：初等教育は、小学校で5年間行われる。

中等教育：前期中等教育は、コレージュ（4年制）で行われる。このコレージュでの4年間の観察・進路指導の結果に基づいて、生徒は後期中等教育の諸学校・課程に振り分けられる（いわゆる高校入試はない）。後期中等教育は、リセ（3年制）および職業リセ等で行われる。職業リセの修業年限は2～4年であったが、2009年度より2～3年に改められた。

高等教育：高等教育は、国立大学（学士課程3年、2年制の技術短期大学部等を付置）、私立大学（学位授与権がない）、グランゼコール（3～5年制）、リセ付設のグランゼコール準備級および中級技術者養成課程（いずれも標準2年）等で行われる。これらの高等教育機関に入学するためには、原則として「バカロレア」（中等教育修了と高等教育入学資格を併せて認定する国家資格）を取得しなければならない。グランゼコールへの入学にあたっては、バカロレアを取得後、通常、グランゼコール準備級を経て各学校の入学者選抜試験に合格しなければならない（バカロレア取得後に、準備級を経ずに直接入学できる学校も一部にある）。教員養成機関として国立高等教職教育学院がある（2019年までは高等教員養成学院）。

第4章

ドイツ

学校全体で取り組む民主主義教育

柳澤良明

1 ドイツの教育制度およびその特徴

2021年9月に行われたドイツ連邦議会選挙の投票率は76・6%であり、かつて90%を超えていた1970年代に比べれば低くなったとはいえ、依然として国民全体の政治への関心の高さを示している。このうち、18~20歳の若者の投票率は70・5%であり、日本に比べれば、かなり高い投票率を示しており、若者の政治への関心も高いといえる（Der Bundeswahlleiter 2022:10）。

ドイツでは、こうした政治への関心の高さに加え、反原発デモ、反移民デモ、反移民への対抗デモ、反戦デモ等、ヨーロッパの他の国でも見られるように、日常的にさまざまなテーマでデモが行われている。こうしたデモの規模は何十万人にも及ぶ大きいものもあり、デモをとおして社会への意思表示が盛んに行われている。

こうした社会運動を生み出している要因を特定することは難しいが、教育分野に限定した場合にしばしば指摘されるのが、ドイツの政治教育（politische Bildung）である。1970年代後半あたりから熱心に取り組まれるようになり、連邦政治教育センターや各州に置かれる政治教育センターを拠点に、歴史教育に重点を置いた政治教育が成果を上げているということができる。しかしながら、本章では政治教育ではなく、民主主義教育（Demokratiepädagogik, Demokratieerziehung, Demokratiebildung, Demokratie-Lernen, Demokratieförderung）と呼ばれる、政治教育に比べれば比較的新しい取り組みに着目して論じてみたい。その理由は後述することとし、まずは筆者なりに定義を述べると、民主主義教育とは民主主義社会を維持し発展させていくために求められる知識と行動能力を生徒（ドイツでは児童を含む）が身につけるために、さまざまな形態の生徒参加をとおして学校全体で取り組まれる諸活動である。

本節ではまず、民主主義教育の中身に入る前に、民主主義教育を理解するために必要となるドイツの教育制度について述べる。日本とは異なる次の4点である。

第1に、州により教育制度が異なるという点である。ドイツは連邦国家であり、16の州によって構成されている。各州には「文化高権」（Kulturhoheit）と呼ばれる教育制度を決定する権限が与えられており、具体的な教育制度は州ごとに異なっている。他方、各州の文部大臣によって構成される各州文部大臣会議（以下、ＫＭＫとする）という会議体があり、ドイツ全体に関わるテーマについて話し合う。しかし、この会議に決定権はなく、あくまでもドイツ全体で目指すべき方向性を示すにとどまる。

第2に、分岐型の学校体系を採っている点である。中等教育の段階になると、どの州も学校種がいくつかに分かれる。従来は三分岐型を採っている州が多かったが、近年は二分岐型へ移行してきている。いずれの分岐型も、アビトゥーアと呼ばれる中等教育修了資格を得て高等教育へ進むルートと、職業教育を受けて職業界へ進むルートに大別されている。初等教育に当たる基礎学校は4年制であるので、いずれにしても中等教育が始まる10歳の時点である程度、将来の進路が決まってしまう。後に中等教育の途中や修了時に学校種を変更したり、あるいは近年では高等教育へのルートが拡充されたりしているものの、比較的早い時期に進路が決定してしまう傾向が強いことは日本との大きな相違点である。

第3に、全日制学校（Ganztagsschule）が拡充されてきている点である。ドイツの学校は従来、正午過ぎに終わる半日制学校（Halbtagsschule）が大半であった。近年は社会変化により学校教育の果たす役割や機能が拡大し、全日制学校が拡充されている。２００２年には９・８％（KMK 2006 : 30）であった全日制課程に在籍する生徒の割合は、２０２０年には47・２％に達している（KMK 2021 : 35）。これにより、従来、家庭や地域で過ごしていた子どもたちは午後も学校で過ごすこととなり、相対的に学校生活が重さを増している。

第４に、生徒の権利にもとづく生徒参加が法制化されている点である。すでに１９７０年代から中等教育の学校では、生徒の権利にもとづき、生徒参加が法制化されている。各州の学校法で、教員代表、保護者代表、生徒代表から構成される学校会議（Schulkonferenz）（コラム参照）を始めとする生徒参加のしくみが規定されており、生徒が学校経営に参加する機会が確保されている。

2 民主主義教育の展開と理念

(1) 政治教育と民主主義教育

本節では、民主主義教育がどのように展開してきたのか、また、どのような理念にもとづいているのかについて見ていく。まず、一言で民主主義教育の目的を述べれば、生徒参加をとおして生徒の民主主義的行動能力の獲得を目指しているという点にある。単に教科の学習として政治のしくみを学習するだけでなく、日常の学校生活をとおして生徒全員が民主主義的行動能力を獲得することが目指されている。こうした行動能力を身につける方法として、日常の学校生活におけるさまざまな活動への生徒参加が重視されている。ドイツでは近年、各州が力を入れるべき取り組みとして位置づけられている。

しかし、ドイツでは民主主義教育よりも前に、戦後の早い時期から政治教育の取り組みが進められてきた。本格的に取り組まれるようになったのは1970年代後半あたりからであるとはいえ、現在も各州に数多くの関係機関が置かれている。教員は生徒の自主的な判断を妨げてはならず、望ましい意見であることを理由に教員が生徒を圧倒することを禁止する、あるいは、議論の余地があり異なる考え方が複数存在する事柄に関してはそれらがすべて提示される、といった、日本でもよく知られているボイテルスバッハ・コンセンサスは、この政治教育の取り組みの中から生み出された政治教育の基本理念である。

しかしながら、ドイツ統一後、極右主義の台頭、外国人排斥の高まり、学校においては校内暴力の激化などが深刻な社会問題となり、こうした状況に対処するための取り組みが模索された。こうした社会背景のもと、2001年にエーデルシュタイン（Edelstein, W）とファウザー（Fauser, P）により提起されたのが民主主義教育である。

政治教育と民主主義教育とは現在も併存し、両者は互いに補い合うことが必要とされている。論者によりさまざまな捉え方が存在するが、本章では民主主義教育に焦点を当て、民主主義教育の展開と理念を確認し、その具体的な実践事例を紹介した上で、民主主義教育の特質をまとめる。

(2) 民主主義教育の提起と展開

① 試行期（2001〜2006年）

私は、民主主義教育のこれまでの展開を3つの時期に分けて捉えている（柳澤2019、2020、2021c）。まず試行期（2001〜2006年）である。この時期は民主主義教育が提起され、実践の試行が進められた時期である。

民主主義教育は、2001年にエーデルシュタインとファウザーが連邦各州教育計画・研究助成委員会（Bund-Länder-Kommission für Bildungsplanung und Forschungsförderung）（以下、BL

Kとする）の意見書（Gutachten）「民主主義を学び生きる」（Demokratie lernen und leben）（Edelstein/Fauser 2001）（以下、「意見書」とする）を発表し、民主主義教育を提起したことにより始まった。彼らが提出した「意見書」を契機として、２００２年４月から２００６年12月にかけて、13州１７５校で取り組みが始められたＢＬＫプログラム「民主主義を学び生きる」によって民主主義教育の効果的な実践が具体的に模索されていった。

同プログラムの中間報告が出された２００５年は、「シティズンシップ教育ヨーロッパ年」（European Year of Citizenship through Education）であるとともに、民主主義教育学会（Deutsche Gesellschaft für Demokratiepädagogik）（以下、ＤｅＧｅＤｅとする）が設立された年でもある。ＤｅＧｅＤｅは現在まで、ドイツにおいて民主主義教育の研究および実践を推進する上できわめて重要な役割を果たしている民主主義教育の中心的な組織である。

同じく２００５年には、このＤｅＧｅＤｅから「マクデブルク・マニフェスト」（Magdeburger Manifest）（以下、「マニフェスト」とする）が出されている。「マニフェスト」には、10項目からなる民主主義教育の基本理念がまとめられている。

②　基盤形成期（２００７～２０１４年）

次に基盤形成期（２００７～２０１４年）である。この時期には、現在に続く民主主義教育の基盤が形成された時期である。

２００７年にＢＬＫプログラムの作業部会「質と能力」（Qualität und Kompetenzen）のメンバ

ー18名により、『民主主義教育の質的枠組み』（Qualitätsrahmen Demokratiepädagogik）と題された書籍（de Haan/Edelstein/Eikel（Hrsg.）2007）が出版された。同書は、民主主義教育に取り組む学校現場の教員に役立つ手引き書であるとともに、民主主義教育の基本理念や実践のヒントが分かりやすくまとめられている基本文献であり、これにより民主主義教育の基本的な実践枠組みが示された。

さらに2009年には、前述したKMKが「民主主義教育の強化」（Stärkung der Demokratieerziehung）と題する決議を公表した。本章の冒頭で述べたように「文化高権」が認められているドイツでは、KMKの決議は各州の教育行政を拘束するものではない。しかし、ドイツ各州が向かうべきビジョンを示しており、この2009年の決議を契機に、各州で民主主義教育の取り組みが積極的に進められることとなった。

また、2011年にはDeGeDe等の7つの関係機関により、「民主主義教育的な学校の指標――一覧表」（Merkmale demokratiepädagogischer Schulen - Ein Katalog）と題する、民主主義教育を進める学校を評価する詳細な指標が作成された。後に、この指標は数度の改訂を重ね、精緻化されている。

③ 発展期（2015年～現在）

2015年になると、DeGeDeと関係団体がつくる連合体（Bündniss）「民主主義を体験する」（DemokratieErleben）によって「民主主義を体験する―『民主主義的な学校開発』賞」

（DemokratieErleben - Preis für demokratische Schulentwicklung）（以下、「学校開発賞」とする）が創設された。「学校開発賞」は民主主義教育に取り組む学校の中から、とくに優れた取り組みを行っている学校を表彰するものであり、受賞校の実践は民主主義教育のモデルとなっている。

２０１８年には、前出のＫＭＫから民主主義教育に関する新たな決議「学校における歴史的政治的教育の目的、対象、実践としての民主主義」（Demokratie als Ziel, Gegenstand und Praxis historisch-politischer Bildung und Erziehung in der Schule）（KMK 2018）が公表された。この決議は２００９年に出された決議の改訂版であり、この中では民主主義教育の必要性がさらに強く表明されていることから、各州での民主主義教育の取り組みはさらに進展している。

(3) 民主主義教育の理念

これまでの筆者による研究（柳澤 ２０１４、２０１８、２０１９、２０２１ａ、２０２１ｃ）、前述のＤｅＧｅＤｅによる「マニフェスト」をもとに整理すると、民主主義教育の理念は次の３点に集約することができる。

第１に、民主主義は生徒が学ぶべき必須の学習内容であるという点である。「マニフェスト」では、「民主主義は歴史的な成果である。民主主義は自然法でもなければ偶然の産物でもなく人類の行動と教育の成果である。したがって民主主義は学校教育や青少年育成の中心課題である。民主主義は個人的にも社会的にも学習されるものであり、学習されなければならない」（DeGeDe

2018 a：Manifest 1）とされ、民主主義は生徒が学校で学習しなければ維持されない、必須の学習内容であると捉えられている。

この点は、２００９年のＫＭＫ決議「民主主義教育の強化」の中でも、「民主主義に関する教育は学校や若者の教育にとって中心的な課題であり、民主主義や民主主義的行動を学ぶことはできるし、学ばなければならない。子どもや若者はすでに若い時に、民主主義の利点、成果、機会を経験し、自由、平等、連帯、寛容といった民主主義の基本的な価値は、たとえどのような深刻な社会変化の時代においても、決して自由に扱われてはいけないことを知るべきである」（KMK 2009：2）とされ、強調されている。

第2に、民主主義が3つの形態に分けて捉えられている点である。「マニフェスト」では「民主主義の定着は、憲法からの要求および統治形態（Regierungsform）として求められるだけでなく、社会形態（Gesellschaftsform）および生活形態（Lebensform）としても求められる」とされている（DeGeDe 2018 a：Manifest 2）。具体的には、「社会形態としての民主主義は、民主主義を市民社会の共同体、団体、制度の発展や形成のための実用的で効果的な基準として尊重し、それを実現し、公的に代表することを意味する」（DeGeDe 2018 a：Manifest 3）とされるとともに、「生活形態としての民主主義は、人間の相互作用や行動の基礎および目標としてこの原理を日常生活の中で実践し、この実践の中で何度も更新していくことを意味する。民主主義的行動の基本は、出身、性別、民族、宗教、年齢、社会的地位に関係なく、人々の間の相互承認（gegenseitige

表1　民主主義的な能力のある市民になるための段階的教育

	生活形態としての民主主義	社会形態としての民主主義	統治形態としての民主主義
諸側面	個人的、社会的、道徳的前提	複数主義、対立、競争、公開性；市民社会	民主主義/政策、権力、統制、人権、国民主権、権利、決定方法
目標／段階	「自己」学習、自己能力	社会的学習、社会的能力	政治学習、政治的能力
基礎学校	×××	××	×
中等教育段階Ⅰ	××	×××	×
中等教育段階Ⅱ	×	××	×××

×××：とくに重点的に、××：重点的に、×：ある程度、重点的に

（出典：Himmelmann 2004：18）

（注）基礎学校：第1～4／6学年（4年制の州と6年制の州がある）
中等教育段階Ⅰ：第5／7～9／10学年
中等教育段階Ⅱ：第9／10～12／13学年

Anerkennung）にもとづく敬意（Achtung）と連帯（Solidarität）である」（DeGeDe 2018a：Manifest 4）とされている。

これはヒンメルマン（Himmelmann, G）による民主主義の捉え方にもとづいている。すなわち、日常的な個人の行動レベルでの行動原理を意味する「生活形態としての民主主義」、集団や組織レベルでの行動原理を意味する「社会形態としての民主主義」、国や自治体等の政治レベルでの行動原理を意味する「統治形態としての民主主義」という3つに分けて民主主義を捉える考え方である（Himmelmann 2004：7－10）。

これら3つの形態は、表1のように学校段階ごとに重点が異なる（Himmelmann 2004：18）。民主主義という多面的で複雑な概念をこうした3つの形態に整理することによって、各学校段階での民主主義教育の取り組みが捉えやすくなったとい

える。

第3に、「民主主義を学ぶ」（Demokratie lernen）と「民主主義を生きる」（Demokratie leben）の両面が必要であるという点である。学校は民主主義を学ぶ場であると同時に、民主主義を生きる場であることが求められる。すなわち、知識の獲得とともに、民主主義的行動能力の獲得が重要な課題であるとされる。「マニフェスト」では「民主主義を学ぶことと民主主義を生きることは、ともに存在する。すなわち、民主主義的な関係の中で成長し、敬意を持って交流する経験を当然のものとして持つことは、負荷に耐え得る民主主義的な態度と行動習慣を作り上げるための、おそらく最も重要な基盤を形成する」（DeGeDe 2018 a：Manifest 6）とされ、知識を獲得することと同時に、民主主義的行動能力を獲得することの重要性が強調されている。

3 民主主義教育の実践事例

(1) 事例①：体験活動型の民主主義教育——「生徒が学校を担う日」の実践

本節では、民主主義教育においてタイプの異なる3校の実践事例を紹介する（柳澤 2021 b）。民主主義教育において実践形態は当該学校の状況や課題に応じてきわめて多様である。10校あれば10通りの生徒参加が見られる。民主主義的行動能力を獲得するために取り入れている生徒参加の場や形態が多様であることが多様な実践が生まれる要因となっている。

ドイツでは近年、優れた実践校を表彰する制度が創設されている。その一つに「ドイツ学校賞」(Der Deutsche Schulpreis) があり、同賞には民主主義教育の観点が含まれている。同賞のＨＰ (https://www.deutscher-schulpreis.de/) から民主主義教育の観点で高い評価を得た受賞校３校の取り組みを紹介する。

まず初めに取り上げるのは、体験活動型の民主主義教育と呼べる実践に取り組んでいるブランデンブルク州のノイルピーン学校 (Schule Neuruppin) である (https://deutsches-schulportal.de/konzepte/schueler-machen-schule-verantwortung-teilen-schulkultur-foerdern-eigene-staerken-erkennen/)。同校は２０１２年の「ドイツ学校賞」受賞校であり、基礎学校（日本の小学校１～4年生に相当)、中等学校（小学校５～高校１年生に相当)、ギムナジウム（高校２～４年生に相当）から構成される私立の小中高一貫校である。生徒数は１０８０名、教員数は85名、他の職員は20名である。

同校では毎年、クリスマスの前日、全教職員が教員研修所へ行く。学校は校長も事務職員も含め、すべての大人がいない1日となる。この日は「生徒が学校を担う日」と呼ばれ、生徒たちが学校運営に必要な任務を担う日なのである。

大人たちの代わりに学校運営を担うのは、11年生（高校2年生に相当）の生徒たちである。彼らは校内の施設を管理し、1年生から10年生までの生徒の授業を行うとともに、日常の活動のすべてを担う。この日、彼らは時間割どおりに1時間目から6時間目までの授業を分担して実施するだけでなく、問題の大小にかかわりなく、発生する問題をすべて解決する責任を負う。

こうした大胆な取り組みが行われる日までには相応の準備が必要である。まずは数カ月前に、生徒たちは自分がどの分野に強みがあり、どの任務を担いたいのかを確認する。生徒たちは授業、休み時間の監督、食事の時間の監督などのさまざまな役割を誰がどのように担うかについて話し合い、共同で運営計画を立てる。

各人の役割が決まった後、たとえば教員役を担う生徒たちは自主的に授業の準備を行い、担当する教科の教員と連絡をとる。授業は原則として学習指導要領に示されているテーマに沿って行われる。しかし、生徒たちには自分の考えにもとづいて年間計画にはないテーマを扱う選択肢も与えられている。

自信を持って任務を担うために、11年生は事前に各教科の教員、管理人、事務職員、校長と入念に打ち合わせを行う。こうした長期間にわたる準備の過程で生徒たちは教員や事務職員と緊密なコミュニケーションをとりながら、自分が担う職務について新たな面を発見し、職務の複雑さを知るようになる。

当然のことながら、「生徒が学校を担う日」の準備を進める上で教員の力は欠かせない。同校では生徒がすべての疑問を解決するために、自らの考えを持って教員と対話することが重視されている。教員は生徒との対話に時間をかける。

このように徹底した対話を積み重ねていくことをとおして、教員には生徒への信頼が生まれる。準備の過程において生徒との信頼関係が構築されていくことで「生徒が学校を担う日」の取り組みが実現できる。

他方、生徒たちも教員からの信頼を感じ取ることで強い責任感を持って自らの役割を遂行できるようになる。こうして得た責任遂行能力は、「生徒が学校を担う日」以降も学校生活のさまざまな場面で発揮される。

生徒たちには活動の中で定期的に自分自身を振り返る機会が与えられている。自分のどのような強みを生かして「生徒が学校を担う日」の成功に貢献できるかについて仲間と共同で検討することで、自分を客観的に捉える力とともに、チームで取り組む力も高められる。

また生徒たちは最後まで責任を遂行することを体験する中で「自分たちの学校」という意識を強く持つようになる。自分が関わる組織や集団に対して強い帰属意識を持つことは、のちに地域や国家に対して自分なりの関わりを持つ上で貴重な原体験となる。自らの体験活動をとおして帰属意識を高め、さまざまな力を高めていくことで生徒たちは民主主義的行動能力を獲得していく。

(2)　事例②：授業づくり型の民主主義教育 ―― 生徒の自己決定による個別化学習

次の事例校はメクレンブルク・フォアポンメルン州のマルティン学校（Martinschule）であり、実践のキーワードは生徒の自己決定と多様性の尊重である（https://deutsches-schulportal.de/

konzepte/selbstbestimmte-lernprozesse-im-alltag-begleiten/)。同校は２０１８年の受賞校であり、基礎学校（日本の小学校1～4年に相当）、ギムナジウム上級段階（高校2～3年生に相当）を併設した私立の統合型総合制学校（小学校5年生～高校1年生に相当）である。障碍のある生徒とない生徒がともに学んでおり、生徒数５７５名、教員数75名、社会福祉教員数75名である。

まず、同校で生徒参加の特質として挙げられるのは、生徒の自己決定による個別化学習である。授業はモンテッソーリ教育の考え方にもとづき、個別化された形態で行われる。生徒はつねに自分自身で学習目標を設定し、その目標を達成するために努力する。こうした個別化学習は1年生（小学校1年生に相当）から始まる。統合型総合制学校の学年になってからも、教員との対話によって生徒が自主的に学習内容を決める「目標合意」が行われる。生徒は、何に興味があり、次に何を学びたいか、自分にはどの程度の難易度が適切であるか、誰と一緒に学びたいか、などを教員との対話によって決めていく。

さらに自由活動の時間には、どのテーマの、どの課題に取り組むかを自由に選ぶ機会があり、どの程度達成しているかを確認するために、ドイツ語、数学、英語などの教科で学んだことを自ら定期的にチェックする機会もある。

3年生（小学校3年生に相当）以上になると、学習計画表が追加され、生徒は1週間の学習内容を視野に入れて学習計画を立てるようになる。こうして1週間という期間で自らの学習計画を立てることに慣れていく。さらに3年生以上になると、週に半日、午前の時間帯に公開学習日が設けられており、生徒は工作コースあるいは演劇コースを選択する。基本的にはこれら2つの専門コースから選択することになっており、場合により、自らの学習目標にもとづく独自の活動に取り組むことも可能である。こうして生徒に与えられる選択肢の幅は次第に広げられていく。

5年生（小学校5年生に相当）以上になると、週に1日の公開学習日は数学、ドイツ語、英語といった教科で週をとおして毎日、実施されるようになる。生徒は自らの進み具合に応じて、教員から個人課題と支援を受けながら、学習計画にもとづく活動を継続していく。1年間に何回か、次の数か月間に取り組む学習内容を確認する。生徒はすでに、自分には何ができるか、自分の次の目標は何かをよく知っている。

5～12週ごとに教員と生徒と保護者の間で新しい目標についての話し合いが行われる。他方、生徒は11名のグループで行われる朝の会で、その日に取り組む目標を挙げる。1日の終わりには帰りの会もあり、各人が取り組んだ内容についてグループ内で評価し合う。教員との対話が続けられる一方で、こうした生徒同士の対話も加わるようになる。

同校には、「学びたいことを自分自身で決めることが許されている子どもは意欲を持って学ぶ」という経験則があり、日々の学校生活の中で具体的な学習目標を設定する能力が重視されている。一人ひとりの多様な自己決定が尊重され、生徒には質の高い自己決定ができる人間となることが求められている。こうした同校の取り組みは自己決定にもとづく授業づくり型の民主主義教育と呼ぶことができよう。

自己決定に焦点づけて民主主義的な行動能力の育成を進める背景には同校の歴史が影響している。かつては知的障碍のある生徒のための学校であったことから、インクルージョンの取り組みの中で多様性を尊重する素地が用意されていた。同校では、「生徒の目標は多様であり、皆が同じようには育成されない」という認識が共有されており、今も生徒の自己決定を支えている。同時に、生徒も民主主義を支える価値として多様性を尊重する文化を共有している。

同校の教員は、学習の伴走者としての役割を自覚している。生徒は自分の学習レベルを知っているので、教員の役割は生徒の自己決定を適切に支援することに向けられている。授業の際に教員は生徒の多様な学習状況を各人に適した形で支援しなければならず、教員にはさまざまなタイプの課題を提供できる力量が求められる。同僚教員と力を合わせてチームで責任を負う中で教員の力量が高められ、多様性の尊重が受け継がれていく。

多様性の尊重は、民主主義教育の重要な価値の一つである。学級やグループの中には多様な意見やものの見方、価値観や文化が存在する。他者の多様な自己決定に日々直面する経験を積み重ね、生徒には、当たり前に多様性を尊重できる行動能力が育成されていく。分断が進みつつある現代社会に不可欠な取り組みである。

(3) 事例③：問題解決型の民主主義教育 ―― 生徒と教員による共同決定

3校目は、2018年の受賞校、ノルトライン・ヴェストファーレン州のマティアス・クラウディウス学校（Matthias-Claudius-Schule）である（https://deutsches-schulportal.de/schulkultur/demokratie-in-der-schule-schuelervertretung-bittet-zum-einstellungsgespraech/）。同校は5～13年生（日本の小学校5年生～高校4年生に相当）が在籍するインクルーシブ学校をコンセプトとする私立学校であり、生徒数は900名、教員数は70名、特別支援教育の教員数は30名である。

同校の特色は生徒と教員による共同決定にある。たとえば同校では、2015年に数多くの難民がドイツに押し寄せた際、難民の子どもたちを受け入れるという方針に重要な貢献をしたのは生徒であった。当初、同校に難民の子どもたちを受け入れる余地はなかった。しかし、それにもかかわらず生徒代表は各学級で1名ないしは2名を受け入れることはできると主張した。生徒は難民の子どもたちのための特別学級は好ましくないと考えており、初めから新しい仲間を各学級に受け入れ、家族の亡命申請が承認された際には、各学級にそのままとどまることができるようにしたいと考えた。生徒の提案によって学校は方針を変え、難民の子どもたちを各学級に受け入れることになった。生徒と教員による共同決定の成果の一つである。

ドイツでは一般に、生徒がさまざまな案件の協議や決定に関与することができ、生徒と教員による共同決定の取り組みは珍しいことではない。生徒は自分たちに与えられている諸権利をよく理解しており、自分たちが持つ諸権利を行使する意識も高い。

同校では生徒と教員による共同決定は授業に関する案件についても見られる。たとえば、11年生（高校2年生に相当）に毎日2時間、特定の課題に自主的に取り組む時間を導入するという提案がなされた際、生徒代表はこれを拒否した。11年生の生徒代表は「準備時間が短すぎるし、提案はもっと練られるべきであると我々は考えている」と拒否する理由を挙げた。その後、教員は生徒代表と協力し提案を修正し、次年度の始めに、修正された提案で実施されることとなった。

また同校では校則に関する共同決定も見られる。生徒代表は毎週会合を開き、何をしなければならないかについて相談している。「我々は本校独自の校則を持っており、多くのことを共同決定できる」と生徒の1人は述べている。

携帯電話に関する校則の制定が話題となった際に、10年生（高校1年生に相当）のある生徒は、以前からの校則はもう時代遅れになっており、「多くの生徒が守っていません」と述べた。学校に携帯電話を持ってきても構わないが使うことは禁止されており、生徒代表はこうした校則を変えたいと思っていた。ある生徒は「我々は休み時間に携帯電話を使うことに賛成します」と述べている。校則の一部である携帯電話の休み時間の使用制限についても、生徒と教員による共同決定の取り組みが進められている。

他方、共同決定とまでは言えないものの、同校では教員採用に生徒代表が関与できる。生徒代表には、候補者の面接に同席し質問することが許されている。ある生徒代表は候補者に対して、「インクルージョンについてどう考えるか」「本校のキリスト教の考え方についてどう考えるか」について質問した。

ちなみに同州では、校長採用の際、生徒代表も構成員となっている「学校会議」が候補者を推薦するしくみが学校法等で規定されている。このように、テーマにより関与の程度に相違はあるものの、広範なテーマに関して生徒と教員による共同決定が行われており、生徒も学校づくりにおいて重要な役割を果たしている。

同校の共同決定を支えているのは生徒と教員との対等な関係である。ある教員は、生徒とは「対等の関係にあります」と述べており、生徒も教員も「生徒と教員の関係は知っているどの学校よりも緊密です」と確信している。同校は1970年の創立当初からインクルージョンを重要なコンセプトとしており、「どのような支援が必要であるかに関係なく、すべての生徒を受け入れる」という理念を実現してきた。その結果、同校には教員が生徒の意見や考えを受容する文化が定着している。

近年、新たにインクルージョンの理念を具体化した「出て行こう～あなたの力を体験しよう」というプロジェクトが始まり、ハンディキャップのある生徒を含めた8年生（中学2年生に相当）の生徒全員が自ら選択した課題に挑戦している。夏休みの後、生徒には数々の冒険に立ち向かう3週間が待っている。生徒はグループでハイキングやサイクリングツアーに出かけ、ともにエコロジー、教会の仕事、社会福祉のプロジェクトに取り組み、農場で働き、小説を書く。生徒は自分で目標を設定し、日常の学校生活では体験できない活動に仲間とともに挑戦する。

同校の生徒は、さまざまな共同決定をとおして学校づくりの体験を得るとともに、こうしたインクルージョンの体験をとおして、主権者意識の基盤をさらに豊かに形成している。

4 民主主義教育の特質

(1) 学校全体での取り組み

民主主義教育は社会科系の科目だけの取り組みではなく、すべての教科学習において、さらには教科学習以外の活動を含めた学校生活全体を対象として取り組まれている。一般に政治教育は社会科系の科目で扱われるため、これらの科目を担当する教員の仕事であると捉えられがちであり、他教科の教員にとっては自分事として捉えることが難しい。これに対して民主主義教育は、どの教員にも関わる取り組みであることを前提としており、校内の全教員による組織的な取り組み、いいかえれば学校全体での取り組みが不可欠である。

表2に示すように、両者が目指している目標や生徒が獲得する能力などについては相違が見られる。

とくに重要な相違点は、両者が民主主義のどのような側面に焦点を当てているかという点にある。民主主義教育では、おもに「生活形態としての民主主義」および「社会形態としての民主主義」に焦点が当てられている。

また、エーデルシュタインとファウザーが意見書「民主主義を学び生きる」において4つのモジ

表2　政治教育と民主主義教育の比較

	政治教育	民主主義教育
焦点	統治形態としての民主主義	生活形態および社会形態としての民主主義
獲得する能力	代表制民主主義に関する知識（国家レベル）	社会的視野の獲得、参加の支援、共同生活
形態	政治・社会・経済科、社会科の授業での葛藤分析、シミュレーション	共同決定、民主主義的な学校文化の形成、参加による学習活動
参照学問	政治科学	教育科学、社会学
目標	国政を理解し影響力を行使すること、民主主義	共同生活を共同で形成すること

（出典：Landesinstitut für Lehrerbildung und Schulentwicklung（LI）Hamburg 2020:15）

ュールとして提起していたように、「授業」および「プロジェクト学習」といった場での学習とともに、「民主主義の場としての学校」および「民主主義社会での学校」といった場での体験が重視されており、学校外での活動を含め、学校生活全体を対象とした、学校全体での取り組みが重視されているという点を民主主義教育の第1の特質として挙げることができる。

こうした学校全体での取り組みを具体的に支えているのは、「民主主義的な学校開発」（demokratische Schulentwicklung）である。「民主主義的な学校開発」は、学校が民主主義教育に組織的に取り組むための手法や評価基準を開発する営みである。実践事例で紹介した「ドイツ学校賞」の受賞校は、こうした手法や評価基準を手がかりに学校全体で取り組みを進めてきた点が評価された学校である。

民主主義教育では、各学校が有している学校内外のあらゆるリソースを活用するという点が基本的な考え方であるため、実践事例のところでも指摘したように、各学校の取り組みは実に多様である。各学校の状況や生徒の状況にあわせて、具体的な実践には無数のバリエーションがあり、実際に実に数多くの実践事例が紹介されている。こうしたことから、各学校での取り組みが広く発信されるとともに、受賞校の取り組みがモデルケースとして示されることで、各学校の取り組みの質が向上していくことが期待される。

(2) 体験による民主主義的行動能力の獲得

体験による生徒の民主主義的行動能力の獲得を重視している点が民主主義教育の第2の特質である。民主主義教育では「民主主義を学ぶ」とともに、「民主主義を生きる」が重視されている。言い換えれば、生徒は民主主義教育に関する学習で学んだことを頭で分かっているだけでなく、しっかりと行動に移すことが求められている。そのため学校には、生徒が教科学習で学んだ民主主義に関する知識を行動に移すことができる場を設けることが求められており、学校はこうした場での体験をとおして生徒が民主主義的行動能力を獲得していくことを支援しなければならない。

こうした民主主義的行動能力を獲得する場の一つが本章の冒頭で挙げた学校会議である。本章の冒頭でも述べたように、ドイツではすでに1970年代後半から学校会議と呼ばれる会議体が導入されている。学校会議という名称、権限、構成員は州により異なる場合があるが、各州の学校法等

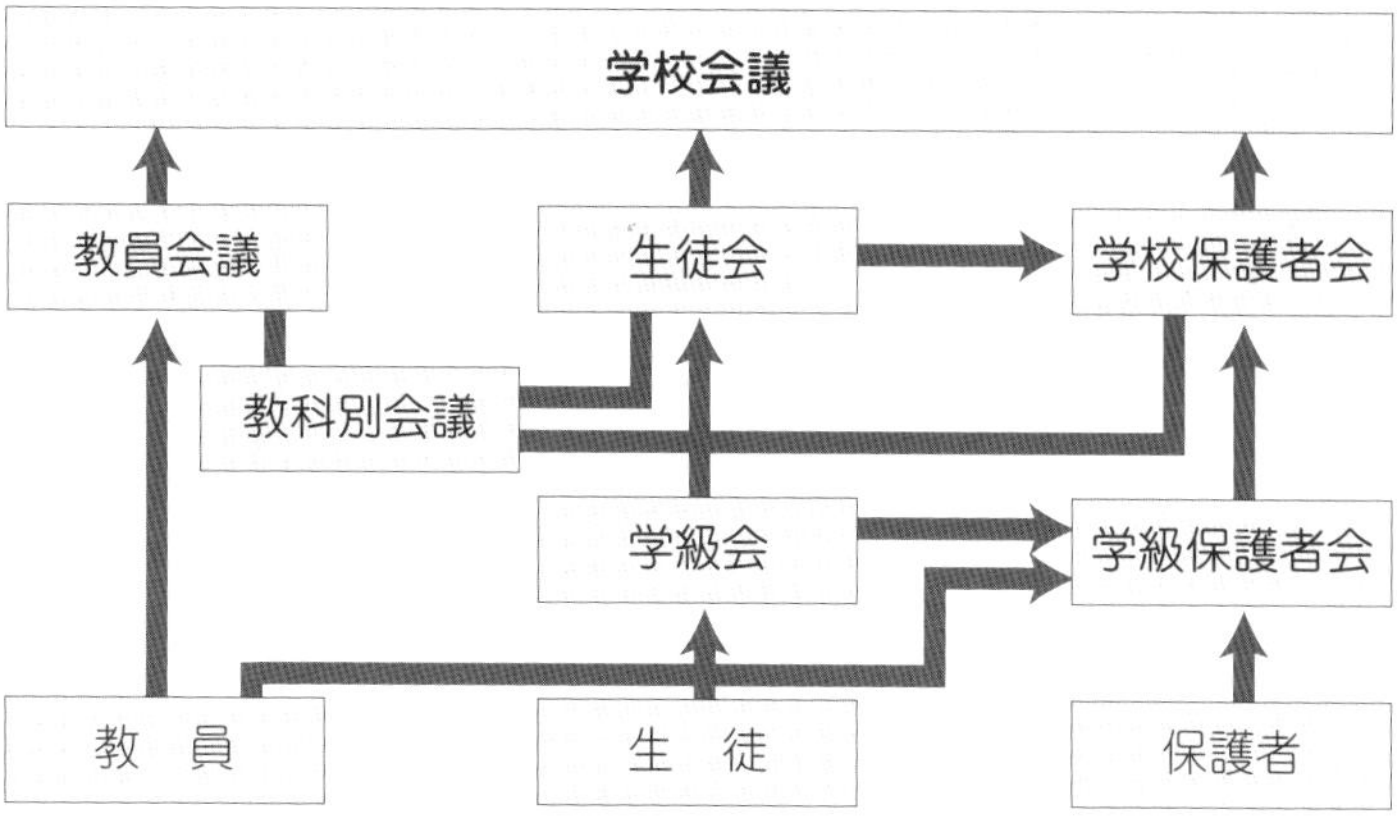

図1　ノルトライン・ヴェストファーレン州における学校参加組織

出典：Bernd Petermann（1978）：Schulmitwirkungsgesetz Kommentar, Wingen Verlag Essenの巻末図を柳澤が一部改変

に規定された生徒参加組織である。

例として、図1のようなノルトライン・ヴェストファーレン州の組織図を示す。学校会議は教員、生徒、保護者の各代表から構成される最高意思決定機関となっている。生徒代表に着目すると、同州では学級会（Klassenrat）から選出された生徒代表が学校レベルの組織である生徒会（Schülerrat）を構成し、さらにこの生徒会から選出された生徒代表が学校会議の構成員となる。

学校会議では生徒代表も、教員代表や保護者代表と対等に1票を持ち、さまざまな事案について議論を交わすことになるため、学校会議の構成員数や構成員比率は生徒代表にとって重要な事項である。

表3は、学校会議の構成員数（学校法第66条第1項）である。

表3に示すように、生徒数にもとづく学校規模によって構成員数が決まる。

表3　ノルトライン・ヴェストファーレン州における学校会議の構成員数

生徒数	構成員数
200名以下	6名
500名以下	12名
500名を超える	18名

表4　ノルトライン・ヴェストファーレン州における学校会議の構成員比率

	教員	保護者	生徒
初等教育段階の学校	1	1	0
中等教育段階Ⅰの学校 初等教育段階と中等教育段階Ⅰの学校 中等教育段階ⅠおよびⅡの学校	1	1	1
中等教育段階Ⅱの学校	3	1	2
継続教育コレーク	1	0	1

（注）同州では、初等教育段階：第1～4学年
中等教育段階Ⅰ：第5～9（一部のギムナジウム）／10学年
中等教育段階Ⅱ：第10／11～12／13学年
継続教育コレーク：中等教育修了証が取得できる成人向けの教育機関であり、夜間実科学校は17歳以上で入学可能、夜間ギムナジウムおよびコレークは18歳以上で入学可能である。

続いて、表4は学校会議の構成員比率（学校法第66条第3項）である。

表4に示すように、初等教育段階から中等教育段階Ⅰへ、中等教育段階Ⅰから中等教育段階Ⅱへと上がるにつれて生徒代表の構成員比率が上がっていることが分かる。

民主主義教育では、従来からの生徒参加も位置づけられている。前述のように、モジュールの一つに「民主主義の場としての学校」があり、学校会議は学級会や生徒会とともに、「社会形態としての民主主義」を経験するための場として、「民主主義の場としての学校」を支える中心的な体験の場となっている。

(3) 民主主義的な学校文化の形成

民主主義教育は全教員が学校生活全体をとおして全生徒の民主主義的行動能力の獲得を支援

する取り組みであることから、学校には民主主義的な学校文化を形成することが求められ、学校自体が民主主義的な学校文化を持った空間になることが求められる。

生徒間での民主主義的な学校文化だけでなく、生徒—教員間での民主主義的な学校文化、さらに教員間での民主主義的な学校文化の形成も求められる。生徒に対する民主主義教育であるためでなく、学校を組織する教員も民主主義的な学校文化の形成に深く関与している。教員自身も我が身を振り返り、民主主義的な行動であるか否かを顧みなければならないのである。

とはいえ、民主主義教育の取り組みは道半ばである。２００９年に続き、２０１８年にもＫＭＫから決議が出され、ドイツ各州で民主主義教育の取り組みは加速している。しかし、ベルテルスマン財団の調査によると、民主主義教育の位置づけは高いと見なしている教員はまだ3割にとどまっている。今後、さらなる取り組みが求められる。

前述した「民主主義的な学校開発」により、学校全体で民主主義的な学校文化の形成に向かうことができる。民主主義教育の展開のところで示したように、ＤｅＧｅＤｅ等の7つの関係機関により、「民主主義教育的な学校の指標—一覧表」も作成されている。民主主義的な学校文化を形成するために、こうした指標を手がかりに「民主主義的な学校開発」を進めて行くことが各学校に求められている。

コラム　学校会議の決議事項

本文中でも示したように、学校会議は教員、生徒、保護者の各代表から構成される意思決定機関である。学校会議の名称、権限、構成員は州により異なる場合があるが、「民主主義の場としての学校」を具現化する組織である。図1、表3、表4に示したように、ノルトライン・ヴェストファーレン州の場合、その決議事項は多岐に亘っている。学校会議の決議事項は、同州の学校法第65条第2項で28項目が列挙されており、実に多様な内容が含まれている（最終改正：2022・2・23）(https://bass.schul-welt.de/6043.htm)。たとえば、各校が作成する教育計画である学校プログラム（学校法第65条第2項1号）、学校の質開発および質保証に関する措置（同項2号）、宿題および学級活動の範囲および割り当てに関する原則（同項10号）、学校財政（同項16号）、校内規則の公布（同項25号）などについて学校会議が決定を下すことができる。

特筆すべき決議事項は校長任用（同項20号）である。校長任用システムは日本と大きく異なり、ある学校の校長が退任することになると、次の校長の公募が始まる。応募してきた候補者たちは学校会議においてプレゼンテーションを行い、学校会議はそのプレゼンテーションをもとに、教育行政機関に順位を付けて推薦する。この推薦にもとづき、上位の候補者が任用される。このように学校会議は校長任用にも関与することができ、生徒代表も学校会議での候補者の順位付けの際に1人1票を持って参加している。

【参考文献】

・柳澤良明（２０１４）「ドイツにおける民主主義教育の実践枠組み」『香川大学教育学部研究報告 第Ⅰ部』第１４１号、43－57頁。
・柳澤良明（２０１６）「ドイツにおける民主主義教育と生徒参加 ── 新たな生徒参加機能の解明 ──」『香川大学教育学部研究報告 第Ⅰ部』第１４６号、35－46頁。
・柳澤良明（２０１８）「ドイツの民主主義教育から見た日本の主権者教育の課題」、『香川大学教育学部研究報告 第Ⅰ部』第１４９号、１３７－１５１頁。
・柳澤良明（２０１９）「ドイツにおける民主主義教育の展開と課題」「開かれた学校づくり」全国交流集会（東京大学）。
・柳澤良明（２０２０）「ドイツにおける民主主義的な学校文化形成の取り組み」『香川大学教育学部研究報告』第2号、69－82頁。
・柳澤良明（２０２１ａ）「ドイツの学校参加制度と生徒参加の展開」浦野東洋一他編『校則、授業を変える生徒たち 開かれた学校づくりの実践と研究』同時代社、２１３－２２９頁。
・柳澤良明（２０２１ｂ）「ドイツ民主主義教育における生徒参加の類型化に関する試案」『香川大学教育学部研究報告』第４号、45－58頁。
・柳澤良明（２０２１ｃ）「ドイツにおける民主主義教育の現状と課題」『香川大学教育学部研究報告』第5号、９－20頁。
・柳澤良明（２０２２）「ドイツ民主主義教育における生徒参加の類型化に関する研究」『香川大学教育学部研究報告』第6号、１－13頁。
・Deutsche Gesellschaft für Demokratiepädagogik e.V.（DeGeDe）（Hrsg.）（2017）:Merkmale demokratiepädagogischer Schulen – Ein Katalog（4.Auflage）. In:https://www.degede. de/wp-content/uploads/2019/01/degede-merkmalskatalog-2017-web.pdf（Download am 23.7.2021）
・Deutsche Gesellschaft für Demokratiepädagogik e.V.（DeGeDe）（Hrsg.）（2018a）:Magdeburger Manifest – Gründungsdokument 2005. In: https://www.degede. de/wp-content/uploads/2018/11/degede--manifest.pdf（Download am 31.5.2021）
・Deutsche Gesellschaft für Demokratiepädagogik e.V.（DeGeDe）（Hrsg.）（2018b）：DemokratieErleben – Der Preis, Preis für demokratische Schulentwicklung, Dokumentation 2014 bis 2017. In:https://www.degede.de/wp-content/uploads/2018/11/derpreis-dokumentation.pdf（Download am 10.5.2019）
・de Haan, G./Edelstein, W./Eikel, A.（Hrsg.）（2007）:Qualitätsrahmen Demokratiepädagogik | Demoktarische

Handlungskompetenz fördern, demokratische Schulqualität entwickeln. Heft2: Demokratische Handlungskompetenz. Weinheim und Basel:Belz.

- Edelstein, W./Fauser, P. (2001) :Demokratie lernen und leben. In:http://www.blk-bonn.de/papers /heft96.pdf (Download am 9.7.2021)
- Himmelmann, G. (2004) :Demokratie-Lernen:Was? Warum? Wozu? In:https://www.pedocs.de/volltexte/2008/216/pdf/Himmelmann.pdf (Download am 23.7.2021)
- Landesinstitut für Lehrerbildung und Schulentwicklung (LI) LI Hamburg (2020) :Positioniert Euch! – eine Handreichung für Schule und Unterricht. In: https://li.hamburg.de/contentblob/14274214/f3bed6306b53d63617cfaa2f9ccec27d/data/positioniert-euch.pdf (Download am 4.12.2020)
- Schneider, H./Gerold, M. (2018) :Demokratiebildung an Schulen – Analyse lehrerbezogener Einflussgrößen. In:https://www.bertelsmann-stiftung.de/fileadmin/files/Projekte/Jungbewegt/Lehrerbefragung_Demokratiebildung_final.
- pdf (Download am 4.12. 2020)
- Sekretariat der Ständigen Konferenz der Kultusminister der Länder in der Bundesrepublik Deutschland (2006) : Bericht über die allgemeinbildenden Schulen in Ganztagsform in den Ländern in der BRD - Statistik 2002 bis 2004 . In : https://www.kmk.org/fileadmin/pdf/Statistik/GTS_2004.pdf (Download am 25.8. 2020)
- Sekretariat der Ständigen Konferenz der Kultusminister der Länder in der Bundesrepublik Deutschland (2021) : Allgemeinbildende Schulen in Ganztagsform in den Ländern in der Bundesrepublik Deutschland - Statistik 2016 bis 2020 . In : https://www.kmk.org/fileadmin/Dateien/pdf/Statistik/Dokumentationen/ GTS_2020_Bericht.pdf (Download am 25.8.2020)

ドイツの学校体系

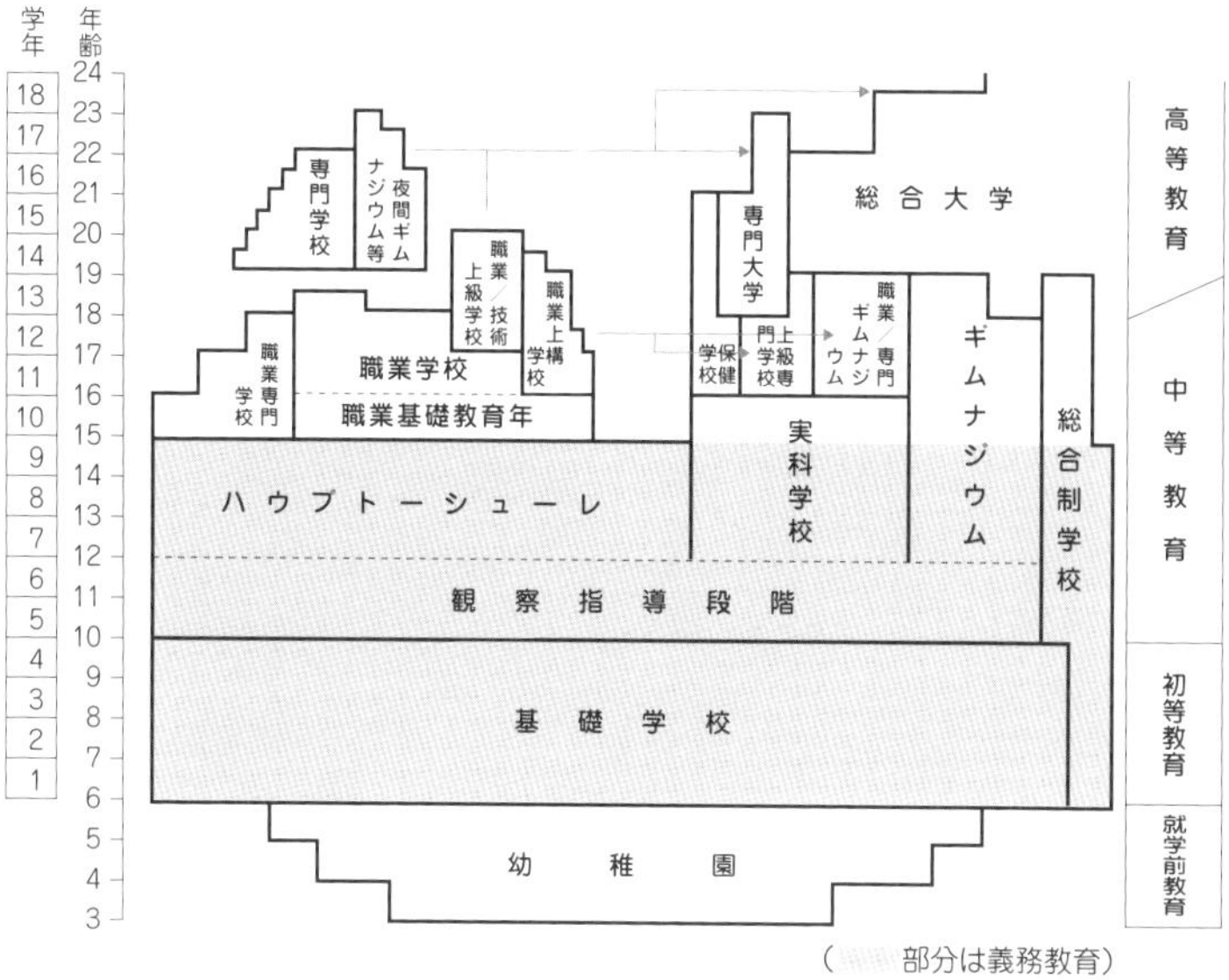

就学前教育：幼稚園は満3歳からの子供を受け入れる機関であり、保育所は2歳以下の子供を受け入れている。

義務教育　：義務教育は9年（一部の州は10年）である。また、義務教育を終えた後に就職し、見習いとして職業訓練を受ける者は、通常3年間、週に1〜2日職業学校に通うことが義務とされている（職業学校就学義務）。

初等教育　：初等教育は、基礎学校において4年間（一部の州は6年間）行われる。

中等教育　：生徒の能力·適性に応じて、ハウプトシューレ（卒業後に就職して職業訓練に入る者が主として進む。5年制）、実科学校（卒業後に職業教育学校への進学や中級の職への就職を目指す者が主として進む。6年制）、ギムナジウム（大学進学を目指す者が主として進む。8年制又は9年制）のほか、これら2つ又は3つの学校種の教育課程を併せ持つ学校種や、総合的な教育課程を提供し、いずれの学校種の修了資格も取得可能な総合制学校などが設けられている。また、後期中等教育段階では、二元制の職業教育訓練（デュアルシステム）において、企業等の職業訓練生の身分を持つ者が主に就学する職業学校（週に1〜2日の定時制。通常3年）のほか、職業基礎教育年（全日1年制）、職業専門学校（全日1〜2年制）、職業上構学校（職業訓練修了者、職業訓練中の者などを対象とし、修了すると実科学校修了資格を授与。全日制は1年以上、定時制は通常3年）、上級専門学校（実科学校修了を入学要件とし、修了者に専門大学入学資格を授与。全日2年制）、専門ギムナジウム（実科学校修了を入学要件とし、修了者に大学入学資格を授与。全日3年制）など多様な職業教育学校が設けられている。さらに、職業訓練を終えた者等に上級の職業資格の取得機会を与える専門学校や、職業従事者等に大学入学資格の取得機会を与える夜間ギムナジウムやコレークなどがある。

高等教育　：高等教育機関には、総合大学（教育大学、神学大学、芸術大学を含む）と専門大学がある。修了に当たって標準とされる修業年限は、伝統的な学位取得課程の場合、総合大学で4年半、専門大学で4年以下、また国際的に通用度の高い学士·修士の学位取得課程の場合、総合大学でも専門大学でもそれぞれ3〜4年と1〜2年となっている。

第5章

ニュージーランド

主権者として学校運営に加わる生徒たち

荒井文昭

1 学校理事会の導入と生徒理事の役割

ニュージーランドでは1989年教育法により、公選制教育委員会にかえて、学校ごとに公選による学校理事会を設置する改革がおこなわれてきた。そして約30年後の現在では、中等学校では公選された生徒も理事となり、主権者として生徒が学校運営に加わることが定着してきているのである。

ニュージーランドは、日本の面積の約4分の3、人口は2019年時点で約504万人である。中等学校は、第9学年（13歳）からであり、大学に進学するためには、中等学校を終了し、全国統一認定試験で一定の成績取得が求められる。

今から約180年前の1840年2月6日、英国代表とマオリの首長たちの間にワイタンギ条約が締結されており、公用語は英語だけではなく、1987年からはマオリ語も加えられた（2006年からは手話も公用語に加えられた）。

日本とは、規模も状況も異なる面があるが、それでも、日本の主権者教育に示唆するものがあるように思われる。まずは、ニュージーランドで導入されてきた、学校理事会について紹介させていただきたい。

(1) 地方分権と1989年教育法

ニュージーランドでは、1980年代末にラディカルな教育改革がおこなわれた。複雑になりすぎた教育行政機構を「地方分権」化させるために、学校単位に新しく、公選制の学校理事会(Board of Trustees)を導入したのである。ニュージーランドの人口は当時、約340万人であったが、1989年教育法により、すべての公立学校には学校理事会が設置された。

理事会の一般的な構成は、保護者代表5名程度、校長1名、校長以外の教職員代表1名、その他協力者住民4名以下、中等学校の場合には生徒代表1名とされた(1989年教育法第94条)。そして学校理事会は学校運営の指針を作成し、この指針のもとに、校長をはじめとする教職員の人事、学校財政、カリキュラム編成について管理運営をおこなうと規定された。

この学校理事会の設置により、従来あった教育委員会などは廃止された。また文部省は、大幅に縮小改組された教育省に置きかえられた。政策提案機能と予算配分機能とにその役割が限定されたのである。この他にも、既存の学校では満足できない親たちが21人以上集まるなどすれば、教育大臣が新しい学校の設立許可を出せることとなり、この仕組みも利用しながら、マオリの子どもたちのための幼稚園(Te Kohanga Reo)や小学校(Kura Kaupapa Maori)などがつくられていく[(1)]。

さらに、各学校の目標達成度合いを評価する教育審査局、資格基準を認定する資格認定機構も設置された。

1980年代末に起こった、このようなラディカルな改革によって導入された学校理事会制度が、いくつかの修正を経ながらも、ニュージーランドでは現在まで、30年以上続いている。

(2) 生徒理事に期待されている学校理事会での役割

生徒代表は1年ごと、保護者代表と教職員代表などは3年ごとに、選挙によって交代していく。そのために、学校理事会制度を持続させていくためには、新しく着任する理事に向けた研修が重要になるわけであるが、その研修の役割を担っているのが、学校理事会協会である。この学校理事会協会からは、生徒理事に向けたハンドブックが発行されており、生徒理事の役割がわかりやすく解説されている。その中には、つぎのような解説がある。

「Q　私が参加できる委員会に制限はありますか？

A　この問いに対する答えはノーです。学校理事会の人事委員会、生徒規律委員会における生徒理事の役割については、確かに様々な意見があります。財政委員会についても同様

ニュージーランド学校理事会協会編
『生徒理事ハンドブック』2018年10月(2)

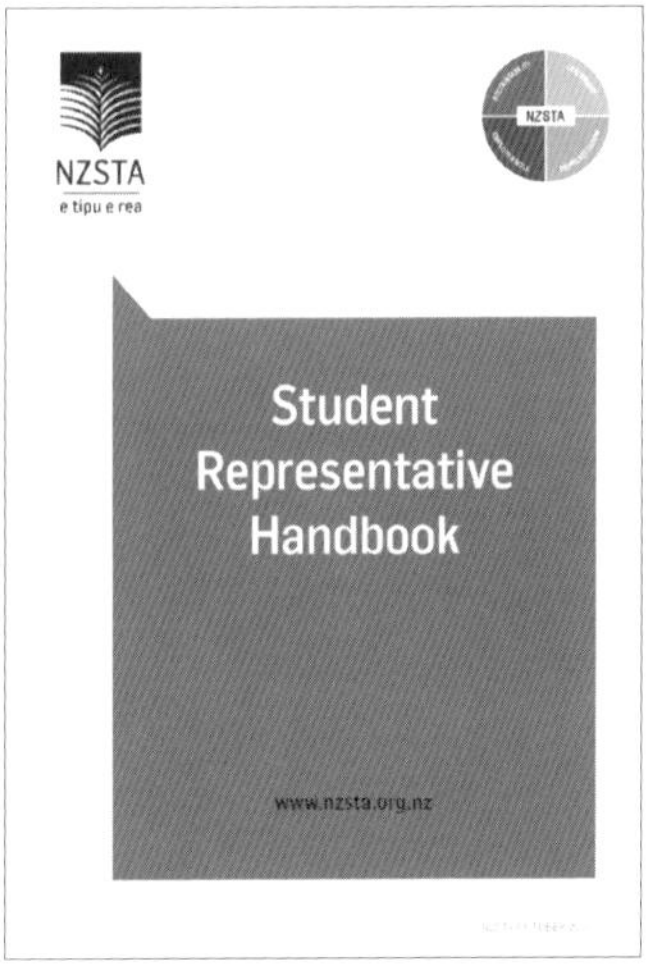

です。しかし、学校理事会協会の意見では、生徒理事は他の理事と対等に、学校理事会に設置される各種委員会のメンバーに加わることができます（New Zealand School Trustees Association, Student Representative Handbook, 2018, p.6.）」

また、生徒理事と校長の関係については、つぎのように説明されている。

「理事会メンバーとしては、生徒理事も校長を雇用する側のひとりです（一般的な言葉で言えば、理事会は校長の上司です）。しかし、日常的には、彼女／彼は生徒であり、学校の規則に従って行動することが求められています（ibid. p.12.）」

このように、学校理事会において生徒理事は、ただ単に意見を求められたりするためだけに学校理事会にいるのではなく、他理事メンバーと同じように、議題を提起し、説明を求め、そして決定に参加する、学校運営の主権者として位置づけられている。

(3) 学校間競争の激化と格差の固定化をめぐる課題

以上のように、ニュージーランドでは1989年以降、各学校には公選制の学校理事会が設置され、そこに教育委員会が持っていた権限が分権化されたわけであるが、導入された当時から、懸念する声も起こっていた。学校区域間における階層格差の懸念が、当初から指摘されていたのである。また、資格認定基準が学校外部に設定されることにより、かえってより強固な再中央集権化が生まれるとの指摘もあった。

実際に、1990年の総選挙により、労働党政権から国民党政権にかわってからは、学校選択制が導入されるなどして、生徒獲得をめぐる学校間競争が激しくなる地域も生まれた。

「学校運営費、教職員と校長の給与は、生徒の入学者数に連結しているために、多くの理事会と校長は、生徒をめぐって他の学校と競争するよう促されている。これら不健康な競争が、特に低い社会経済的な生徒の通う学校に、その質や有効性に関係なく、入学者数の減少をもたらしている」(3)。

ここに書かれているように、学校間競争が激しくなり、しかも、学校間格差が固定化してしまう問題が、特に1990年代から顕著となってきたのである。

2 2020年法と生徒の権利

ここからは、若き党首アーダーンが率いる労働党連立政権が、現在取り組もうとしている教育改革の動向を紹介してみたい。2020年に大きな制度改革をおこなったニュージーランドにおける、主権者教育のこれからについて紹介してみたい。

(1) 2020年教育法の成立

2017年9月の選挙で、労働党連立政権は2008年以降3期続いてきた国民党連立からの政権交代を実現させた。そして、2020年の総選挙では、労働党は過半数を超える議席を獲得し政権は2期目に入った。このような状況下で成立したのが、2020年8月から施行された「教育と職業訓練に関する法」（Education and Training Act 2020）である。この2020年法は、1989年教育法を含む、これまでの主要な教育法を改廃し、そして職業訓練プログラムについての規定を加えたものとなっている。

この2020年法により、30年以上続けてきた学校理事会には、いくつかの修正が加えられた。ここでは、主権者教育にかかわる点にしぼって、その修正点のいくつかを紹介したい。

(2) 2020年法における生徒の権利規定

ニュージーランドは、1993年に子どもの権利条約を批准している。日本も1994年に批准しているため、その時期はほぼ同じである。だが、その後の展開には違いがある。ここでは、子どもの権利について2つの点に注目したい。

1点目は、政府が教育目標を設定する場合には、子ども・青年の声を聞くことに努めなければならないことが規定されたことである。2020年法では、教育重点目標を教育大臣が定めることができるよう法改正がおこなわれたのであるが、その際には必ず、教育関係者との協議に努めることが教育大臣に義務づけられた。私が注目したのは、子ども・青年の声を聞くことが、その際第1に努力義務化された点である（2020年法第5条第6項）。

2点目は、学校教育の目的に、子ども一人ひとりのwell-being（子どもの幸福）が規定されるとともに、学校理事会の役割としても、子どもの権利実現が明記された点である。

ニュージーランドにおける教育法体系の特徴としては、1980年代以降、マオリ族に白人と同等の権利を保障することを定めたワイタンギ条約の遵守が定められていることがあげられるのだが、この他の2020年法の特徴としては、well-being実現が教育目的（第4条）として掲げられ、そして、学校理事会の役割として、子どもの権利を実現させることがつぎのように規定されたのである。

学校を運営する理事会の主要な目標は、以下の通りとする。

(a) 学校に通うすべての生徒が、就学成果を最大限に達成できるようにすること。

(b) 学校は、

(i) すべての生徒にとって、物理的にも精神的にも安全な場所であること。また、

(ii) この法、及び1990年ニュージーランド権利章典、そして1993年人権法に定められている、生徒の権利の達成に努めること（以下略、2020年法第127条第1項）。

実際の運用で検証されなければ評価できないとしても、まずは学校運営に関する法規定に、子どもの権利が明記されていることは注目される。生徒参加の主権者教育を進める上では、子どもの権利条約を批准するだけではなく、それを日常の教育活動場面で具体化させていくための取り組みが重要となるからである。

(3) 労働党連立政権2期目の課題

このように、主権者教育に関連して先進的な取り組みを続けているニュージーランドだが、課題も山積している。

その一つは、行きすぎた学校間競争を是正し、拡大し固定化した学校間格差を改善させることである。２０２０年法によって通学区域の設定を教育省がおこなうよう変更が加えられることによって、生徒獲得をめぐる不健全な学校間競争に対する抑制策が導入されることとなったが、それが機能するのか否か、注目される。

あるいはまた、困難を抱えている学校に対する支援の仕組みが、不十分であることの問題も続いている。すなわち、もっぱら外在的な評価基準を、学校現場の声を十分に聞かないまま設定してきた学校評価政策に対する不満が、学校現場には広がってきた。２０２０年法により、校長支援のためのリーダーシップセンターが設置され、学校支援員が配置されることになったが、それらがどのような働きを実際にするのか注目される。

さらに、3年ごとに改選される学校理事会による素人統制に対する、教育専門家からの根強い不信感も続いている。教育専門家の間には、校長選任が適切におこなわれていない事例が学校によっては生じていることに対する不満も生まれてきた。これに対して２０２０年法では、理事に求められる行動規範が定められるとともに（第１６６条）、この行動規範に違反する理事に対しては、教育大臣が罷免できるようになった（第169条）。また、校長に求められる資格基準も設定されることとなった（同法第617条）。

3 主権者として学校運営に加わる生徒たち

前節までは、学校理事会が導入された経緯、生徒理事の役割について紹介してきた。ここからは、生徒たちが主権者として学校運営に加わる2つの事例を紹介したい。一つ目の事例は、ある中等学校の事例をもとに、生徒代表も学校の主権者として参画する学校理事会の様子を、具体的に紹介したい[(4)]。もう一つの事例は、生活に困難をかかえる保護者の集住する地域にあって、生徒参加の主権者教育をも含み込んだ、学校の建て直しをはかっている校長の取り組みである。

(1) 生徒代表が加わる学校理事会

毎月第2火曜日の17時30分になると、学校内の会議室に9名のメンバーが集まってくる。その中には、生徒代表の姿もある[(5)]。

カラキアという、マオリ式の開会儀式によってはじまった会議は、前回議事録の確認からはじまる。この会議には毎回、ていねいな議事録が作成されている。

続いて、校長から学校運営についての報告があり、その後に質疑がおこなわれる。この校長からの報告には、全国統一学力テストの達成度合いについての報告、当該学期における入学者と離学者に関する資料、学校寄付金についての報告、そしてワイタンギ条約に関する学校運営方針についての説明が含まれている。

校長によるこの学校報告の中ではまた、マオリとパケハ（白人）生徒の成績に、依然として格差が残されていることが報告され、改善策についても話し合われていた[6]。

これらの審議が終了したのは19時を過ぎていた。毎回の会議で、報告のために用意された資料はすべて議事録に添付されて残される。

(2) 生徒側から提起された男子生徒用靴下をめぐる課題

生徒グループから提出された要請事項の検討も、この日の会議では3件おこなわれていた。そのうちの1件は男子生徒からのもので、その内容は、女子用靴下の着用を男子にも認めるよう学校理事会に求めたものであった。また保護者からも、ジェンダーレスの制服をつくらない理由の説明を学校理事会に求める内容の手紙が、学校理事会に届いていた。この学校では男子用と女子用の制服が決められており、女子は短い靴下、男子は長い靴下を履くことが決められていたのである。

ジェンダーレスの制服については、3年前に生徒から提起されたことがあり、その時には、学校理事会は現状の制服維持を決定していた。しかし、今回の会議では、他の学校でも同様の課題が生じていることも確認され、男子生徒用靴下をデザインし直すことも含めて、検討されるべき課題として審議事項に加えていくことが、会議では確認されていた。

なお、この時の会議では合わせて、性別を問わないトイレの設置についても話し合われた。第13学年の生徒2名によるグループから出されたこの提案を、理事会は積極的に支持し、性別を問わないトイレを2カ所、校庭の両端に利用できるよう施設委員会に要請することを決定していた。

(3) 主権者として学校にかかわる生徒たち

以上のようすは、私が、一昨年の在外研究期間中に、都市近郊に位置する、ある中等学校の学校理事会議長の方から提供していただいた、議事録の内容をふまえて記述したものである。筆者の理解するところでは、ニュージーランドにおいては主権者教育というジャンルの教育活動が個別に行われているというよりも、日常の学校生活において、生徒たちが主権者として位置づけられている。

私が滞在中の2019年9月27日には、学校を1日休校にする学校もあり、生徒たちは街に出て地球環境問題に関するアクションもおこなっていた。そして、テレビニ

School Strike 4 Climate NZ 2019
https://www.schoolstrike4climatenz.com、2019年10月2日閲覧。現在はHP閉鎖。

ュースでも、生徒たちが地球環境問題について積極的に発言する場面を何度か目にした。この他にも、選挙権を18歳から16歳にまで引き下げるべきという、緑の党議員の発言も、朝のテレビニュースで紹介されていた。

⑷ 生徒にとっての学びの意味

ここからは2つ目の事例として、生活に困難をかかえる保護者の集住する地域にあって、学校の建て直しをはかっている校長の取り組み事例を紹介してみたい。

「生徒が勉強をしなくて困っている。いくら卒業資格基準を厳しくしても、生徒が勉強をするようになるわけではない」。これは私が、30年近く前に、オークランド近郊に位置する中等学校の副校長から聞き取りした言葉である。当時の新聞によれば、生徒の停学者数が急増しており、学校理事会協会も対策会議を設置したことが報道されていた。ニュージーランドでは、イギリスと同様、15歳頃からはじまる国家資格試験で一定の成績を修得できないと、大学進学はおろか、卒業して就職することも厳しくなる。80年代以降から失業率が上昇していたニュージーランドでは、この試験が生徒たちに重圧を与えていたのである。さらに、家庭の経済格差と生徒の学力が相関関係にあり、また、学力の民族間格差問題が当時も、社会問題化していた。大学資格試験の合格率が高い「評判の良い学校」は、経済的に豊かな地域に位置しているのと反対に、合格率の低い学校は、貧しい地域に位置している学校が多かったのである。

(5)「もう一つ」の公立学校づくりの動き

このような状況の中で、1989年教育法の第156条を使った、新しい学校づくりのこころみも生まれてきた。第156条には、既存の公立学校に満足できない保護者が21人以上集まれば、「もう一つ」の公立学校をつくることに道を開いていた。この制度を活用しながら、マオリ教育運動などにより特色のある学校づくりも生まれてきた。そして、こうした取り組みの中では、単に「学力格差」を縮める教育実践というよりも、民族アイデンティティを基盤としながら、困難をかかえる生徒たち自身の生活現実から学習課題を引き出し、それを生徒の主権者性形成につなげる実践が生まれてきた。

ここでは、こうした取り組みの一つである、貧困層集住地域とされる南オークランド・マヌカウ市に位置する、中等学校の事例を紹介してみたい。校長アン・ミルンの取り組みである。[7]

コラム　マオリによる教育改革運動

ニュージーランドには現在、一般的な公立学校と並行して、マオリ語とその固有な文化を中核としたカリキュラムを持つ代替公立学校も存在するようになっている。就学前教育であるコハンガ レオ(Te Kohanga Reo)、初等教育機関であるクラ カウパパ マオリ(Kura Kaupapa Maori)、中等

教育機関のファレ クラ（Whare Kura）、そして高等教育ファレ ワナンガ（Whare Wananga）である。

マオリによる教育改革運動をリードしてきた1人であるグラハム・スミスによれば、はじめは幼児にマオリ語とその文化を保障する就学前教育組織をつくっていく運動からはじまった（Smith, G.H.: Maori education: Revolution and transformative action. Canadian Journal of Native Education: vol.24, no.1, 2000.）。すなわち、マオリの子どもたちの学業成績の相対的な低さ、そしてマオリ固有の言語と文化を喪失してしまう危機を意識したマオリの長老たちが中心となって、1982年に大規模な集会をおこなった際に、マオリ語を教授言語とする就学前教育組織を、全国各地のマオリコミュニティからつくっていくことが話し合われ、それがその後に実践されていった。1982年には50であったその施設は、1994年には745まで増えたとのことであった。この就学前教育の実践を基礎としながら、その後は、初等教育学校、中等教育学校、そして高等教育機関が設立されていき、それらが1989年教育法も活用しながら公立学校制度としても定着してきている。

1980年代からはじまった、このようなマオリ教育改革運動の背景にあるマオリ固有の思想と実践原理の要点を、グラハム・スミスはつぎのようにまとめている。

・自己決定、あるいは相対的自律性の原則
・文化的アイデンティティを実践し、その正当性を確立させていく原則
・地域コミュニティ（whanau: extended family）を基礎に、個人主義よりも協同性を重視する

文化構造を取り入れていく原則
なお、ニュージーランドにおいては現在、マオリ族とイギリス人入植者の間に締結されたワイタンギ条約の内容が、すべての公立学校において位置づけられなければならないことが教育法で規定されている。また、代替公立学校として位置づけられるマオリの各種の学校で尊重されるマオリ固有の思想と文化についてのガイドライン（Te Aho Matua）が公開されている。これは、1989年教育法第155A条にもとづき、2008年に公表されたものである（Ministry of Education. New Zealand Education Gazette, No.32, 22 February 2008.）。

(6) 生徒の生活現実に結びついた学び

マヌカウ市は当時、若者の街であり、特にこの学校が位置するO地区は、マヌカウ市の中でも最も平均年齢が低かった。そしてこの地区では、住民の94％が、マオリ（20％）かパシフィカ（74％。パシフィカとは、サモア、トンガやクック諸島などからニュージーランドに移り住んだ民族グループ）であり、市内でも失業率が最も高く、平均個人所得も最低であった。アン・ミルン校長は、このような学区の特徴を把握した上で、つぎのように指摘している。「この地域で長く生活し働いてきた、私たちの学校の若者とその家族からすれば、この地区は、マスコミに報道されることはほとんどなくても、多様で、活気に満ちた、そして誇り高いコミュニティでもあるのです」。

実際にアン・ミルン校長は、つぎのようなエピソードも紹介していた。2007年4月、マヌカウ市中心部で開催された教育会議に、当該学校の教員が招待された時のことである。この時の会議テーマは、マオリやパシフィカの若者たちについてのものであったのに、その会議の聴衆は主にパケハ（白人）であり、教育のあるべき姿について発言した人たちもみなパケハであった。学校代表として、教員とともにこの会議に参加した生徒たちは、すぐにこの矛盾に気がついたというのである。このことを校長は、著書の中で誇らしく紹介していた。

(7) 生徒の尊厳に依拠したカリキュラムづくり

この学校では、カパ・ハカというマオリ伝統の文化活動が、カリキュラムの中核に位置づけられていた。他のほとんどの学校が、教科外活動としているのと異なっていたのである。この学校では、カパ・ハカの実践を含めた、生徒の尊厳に根ざしたカリキュラムづくりを実践することによって、若者の、秘めたエネルギーを解放させる力を引き出す取り組みが続けられていた。マオリとパシフィカの生徒たちは、マオリ、サモア、トンガとして学ぶことができることにより、パケハの生徒と同じように、教育における主体者として存在することができるのだと、アン・ミルン校長はこのことを分析していた。

貧困地区とされる地域に位置する学校での、アン・ミルン校長のこうした取り組みは、ニュージーランドでも注目されている。この取り組みでは、総合学習も、単にいくつかの教科を一緒にしたり、テーマ別に組み直したりすることとしてはとらえられてはいない。そうではなく、学習を生徒の生活現実と結び合わせていく授業として位置づけられている。すなわち、生徒たちは学習において、文化の受動的な受け取り手としてとらえられてはいない。そうではなく、既存の慣習や価値観をとらえ直しながら、生徒たち自身が、自分たちの規範や文化を再構築していくものとして位置づけられているのである。

4 主権者教育と「探究」の結びつき

ニュージーランドにおける主権者教育が、これらの課題を克服しながらどのように進められていくのか注目していくことは、日本の主権者教育にとっても意味があるだろう。

最後に、生徒参加の主権者教育と「開かれた学校運営」「探究」とのつながりについて考え、まとめとしたい。

(1) 学校運営に対する生徒参加の法定とその体験の蓄積

ニュージーランドにおいては、学校運営に対する生徒参加が１９８９年教育法以降、現在に至る30年余りにかけて制度化されてきている。このように、学校運営に対する生徒参加が法定されている点は、注目されるべき点である。主権者を育てるための教育実践活動は、生徒が実際に主権者として学校運営に関与することが制度として規定されることによって、よりよく実現できるからである。

また、ニュージーランドにおいては、生徒参加の規定が30年間以上、紆余曲折を経ながらも、生徒たちの自治体験として各学校に蓄積されてきていることの意味は大きい。生徒参加は、それを法定すれば実現するものではない。主権者教育実践と生徒自治体験の蓄積が、生徒参加の法制度化にともなわなければ、生徒参加制度は機能しないからである。

このようにとらえてみると、日本においても注目すべき生徒参加が実践として続けられている事例が注目される。たとえば、高知県奈半利町立奈半利中学校で取り組まれている三者会は、法規定がないにもかかわらずすでに20年以上も続けられており、その体験が蓄積されてきている。(8)

このことを逆に言えば、日本においては、体験としての主権者教育／政治教育の実践と政策が、これまで貧困であった原因を分析することが必要である。１９６９年文部省通達が出された原因、〝教育の政治的中立性〟をめぐり残されている実践的理論的な課題が、さらに検討されていくことも必要である。(9)

(2) 教育目標としてのwell-being

ニュージーランドにおいても、well-beingが教育目標として重視されるようになっていることは第2節でふれたが、日本においてもその傾向が現れている。たとえば、２０２１年3月12日に文部科学大臣から出された中央教育審議会に対する諮問には、つぎのように書かれていた。

「経済協力開発機構（ＯＥＣＤ）の〝Learning Compass 2030〟においては、子供たちがwell-beingを実現していくために自ら主体的に目標を設定し、振り返りながら、責任ある行動がとれる力を身に付けることの重要性が指摘されており、ＯＥＣＤは併せて教師と子供たちが教えと学びの過程を共同して創っていくことの重要性を指摘しています」

２０１９年に発表されたこのＯＥＣＤ「学びの羅針盤２０３０」には、このwell-beingの必要性が、つぎのように述べられている。

「21世紀には、教育の目的はwell-beingの観点から定義されるようになった。well-beingには、仕事と所得、住居などの、収入と資産を得られるようになること以上のものが含まれる。すなわち、well-beingの観点から定義される教育の目的は、これらの他にも、健康であること、市民参加できること、社会的つながりを持てること、教育を受けられること、生活の安全を保てること、そして生活に満足できていることなど、生活の質が関係している。これらすべてへの公平なアクセスが、インクルーシブな成長の概念を支えている[10]」

生徒たち一人ひとりのwell-being実現を、教師として支えていくプロセスが、日本においても文科大臣の諮問に盛り込まれたことに注目したい。教師に求められる資質能力としてwell-beingが位置づけられたことは、生徒参加による主権者教育にとっての基礎となるからである。

(3) 教育法に明記された「無視されない権利」としての意見表明権

2022年6月に可決成立したこども基本法には、つぎの規定が盛り込まれた。

「二　全てのこどもについて、適切に養育されること、その生活を保障されること、愛され保護されること、その健やかな成長及び発達並びにその自立が図られることその他の福祉に係る権利が等しく保障されるとともに、教育基本法の精神にのっとり教育を受ける機会が等しく与えられること。

三　全てのこどもについて、その年齢及び発達の程度に応じて、自己に直接関係する全ての事項に関して意見を表明する機会及び多様な社会的活動に参画する機会が確保されること」（こども基本法3条（基本理念））

このように、「愛され保護されること」が、すべての子どもに権利として保障されることが、法律で明記されたのであるが、この愛される権利を、子どもの意見表明権が持つ固有性に着目してきた福田雅章は、以前からつぎのように指摘していた。

「自己の欲求やニーズを力によって無視され、考慮されないということは、奴隷状態であり、人間としての独立主体性が無視されることを意味します。子どもは、意見表明権を通して（ねえ、ねえと呼びかけることによって）、『な～に？　そうだったんだ。大変だったね』と自分に向き合ってもらうことによって、はじめて一人の人間存在として承認され、人間の尊厳が保障されます。ここに市民的自由としての表現権と異なる大きな特徴があるのです。自らの思想や信条内容や行動を邪魔しないで自由に表現させてくれ（介入・干渉するな）という伝統的な表現権（自由権）とはまったく異なるものです。意見表明権は、これとは逆に人間関係をつくってくれと相手の介入・干渉を求める権利です[11]」

福田の指摘するように、無視されない権利（応答を求める権利）として「愛される権利」「意見を表明する権利」をとらえ返していくことは、基本的人権としてのこれまでの学習権のとらえ方を、諸個人間の関係のあり方をも含んだ権利として、拡張させていく可能性を持ったもののように思われる。

そして、学習する権利は、国民主権に求められている、「不断の努力」としての〝主権者として生きる〟ことと分かちがたく結びついたものであり、生涯にわたって保障されるべき基本的人権であることもまた、再確認されるべきことであるように思われる。

その意味から言えば、子どもの権利条約を日本が批准した直後に出された文部省通知には、以下の記述が残されたままになっていることも、再検討されるべき課題と言わざるを得ない。

「5．本条約第12条1の意見を表明する権利については、表明された児童の意見がその年齢や成熟の度合いによって相応に考慮されるべきという理念を一般的に定めたものであり、必ず反映されるということまでをも求めているものではないこと。なお、学校においては、児童生徒等の発達段階に応じ、児童生徒等の実態を十分把握し、一層きめ細かな適切な教育指導に留意すること」（文

部省「『児童の権利に関する条約』について（通知）」１９９４年5月20日）

子どもの意見表明権を「一般的な定め」と解釈し、かつ、「一層きめ細やかな適切な教育指導」を求める文面からは、従来からの指導を続ければ良いとのメッセージと学校現場に受け止められかねない記述となっているからである。

(4) 生活現実と結びついた学びと「探究」

本章の最後に、私の勤務する大学での教職実践演習に協力いただいている、ある都立高校の取り組みにふれさせていただきたい。

この高校では、「『問い』を大切にした学びのプロセスを身につける」ことが大事にされており、そのためのカリキュラム改革に取り組まれている。私たちが、学校に協力のお願いにうかがわせていただいた際の懇談の場では、つぎのようなことばが、心に残った。

「自分で考えろというだけでは、生徒は自分で考えることができるようにはならない。問いを立てる訓練を重ねることが大切。これを重ねることによって、問いを立てることに生徒一人ひとりが興味を持つようになってくる。また、他の人の問いから学ぶ経験を重ねることによって、物事のとらえ方が多様にあることを学ぶことができる」

このことばは、「関心の発展的システム」（戸坂潤）を生徒に保障していくことと言うことができるだろう。

自分の考えをことばにするようになった生徒の姿を見て、当初は「探究」に関心を示していなかった教職員も、少しずつ変化しているとのことであった。このような変化が生まれはじめていることは、生徒参加の主権者教育を実現させていくことに、「探究」のような授業は深い結びつきを持っていることを表している。この高校が発行している、「探究」のパンフレットには、つぎのような生徒のことばが引用されていた。

「私は問いを見つけることの難しさと誰かと意見を共有することの楽しさを知った。『問い』に対してさまざま質問をしていく活動では、なかなか質問が思い付かず、普段の会話がいかに雑なものだったかを痛感した。相手の話をよく聞き、それに興味や疑問をもって、さまざまな質問をする、というように、何気ない会話の中でも探究の姿勢を持ち続けたい(12)」

【注】

(1) 荒井文昭「分権化のなかの学校選択と教育参加―ニュージーランドにおける教育改革の動向」東京都立大学人文学部『人文学報』259号、1995年3月。

(2) この写真は2018年版の、ニュージーランド学校理事会協会編『生徒理事ハンドブック』(A4版で全20頁)である(NZSTA, Student Representative Handbook, October 2018.)。写真右上には、生徒理事に求められる4つの役割がデザインされている。4つの役割とは、アカウンタビリティ、リーダーシップ、代表者性、雇用主としての役割(accountability, leadership, representation, employer role)である。

(3) The Tomorrow's Schools Independent Taskforce, Our Schooling Futures : Stronger Together, Nov. 2018, p.45.

(4) この事例は、筆者が2019年に調査で入手した、ハミルトン市内のある公立中等学校理事会の議事録をもとにしたものである。

(5) この学校では、理事会のメンバー構成は、校長、議長と副議長各1人、教員代表1人、親代表4人、生徒代表1人の合計9名となっている。教員代表と親代表（議長と副議長含む）は3年ごとに選出され、生徒代表は毎年9月に選ばれている。なお、校長は、この学校理事会によって選任されている。

(6) この学校は、第9学年から第13学年の生徒が在籍する、都市周辺に位置する中等学校で、生徒数は約１７００人。生徒の民族構成比は、マオリ16％、パケハ52％、アジア16％、トンガやサモア４％となっている。

(7) Ann Milne, Colouring in the White Spaces: Reclaiming Cultural Identity in Whitestream Schools, 2013. https://researchcommons.waikato.ac.nz/

(8) 「三者協議会を基盤とした防災教育の可能性と課題 ― 高知県・奈半利中学校における三者会の取り組みから学ぶ ― 」野元弘幸編著『社会教育における防災教育の展開』大学教育出版、２０１８年。

(9) 教育政治が不透明化させられてきた問題については、荒井文昭『教育の自律性と教育政治 ― 学びを支える民主主義のかたち ― 』大月書店、２０２１年を参照されたい。

(10) OECD, The Future of Education and skills Education 2030, 2019, pp.3-4.

(11) 福田雅章「あらためて子どもの権利の本質を問う」『教育』２００１年９月号、84頁。

(12) 東京都立八王子東高等学校探究部、２０１９年10月発行の探究パンフレットに掲載されている「生徒の声」。

ニュージーランドの学校体系

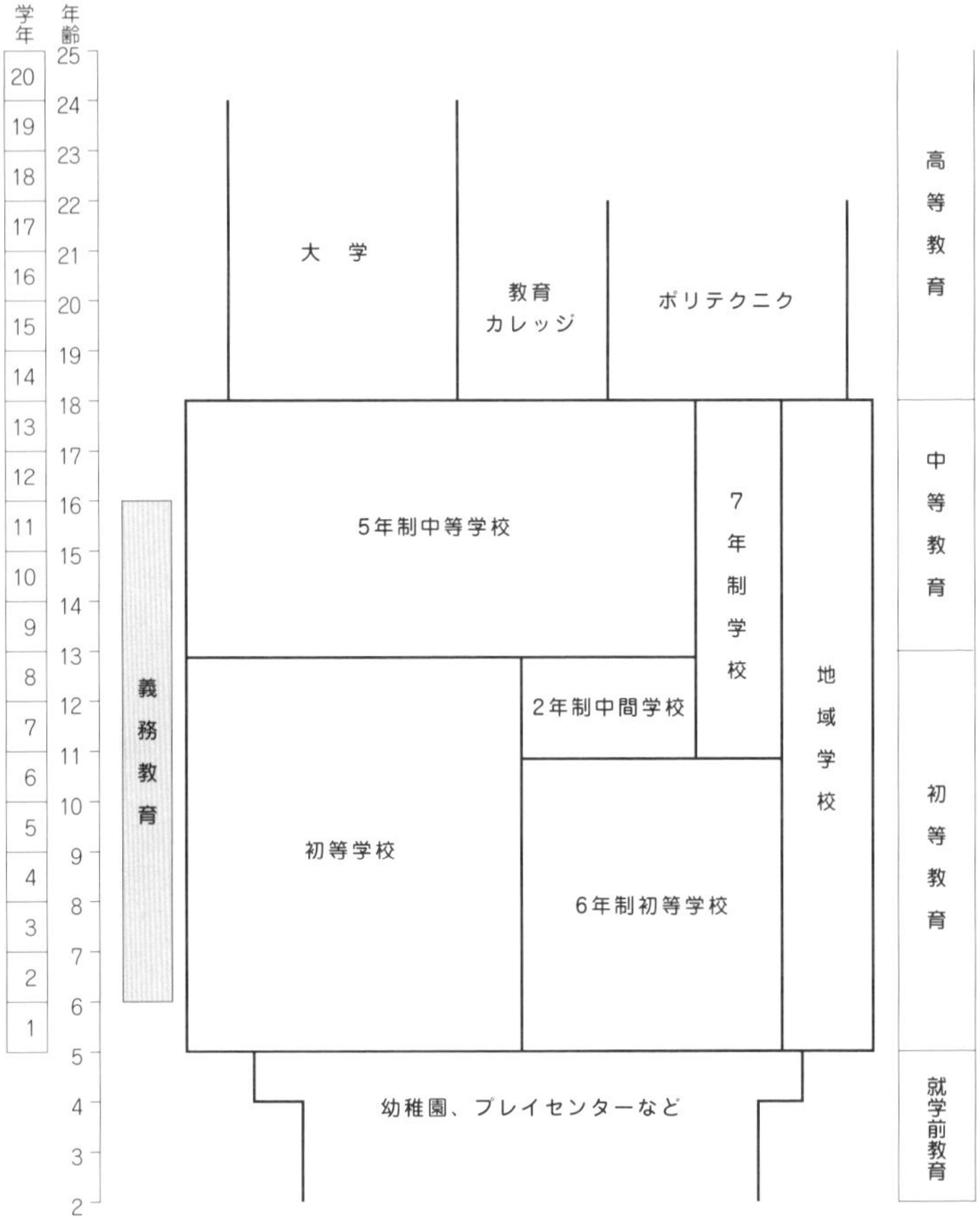

第6章

まとめと提言

荒井文昭
大津尚志
古田雄一
柳澤良明

1 各国の取り組みからの示唆

(1) アメリカ

① 主権者教育の授業づくりから学校づくりへ

日本で「主権者教育」と聞くと、模擬投票のような何か特定のプログラム、あるいは社会科など特定の教科を通じて取り組むものというイメージが根強くあるように思われる。しかし、アメリカの市民性教育の考え方やシカゴでの取り組みから見えてくるのは、主権者としての学びは、一つの授業や活動だけでなく、学校のさまざまな場面や機会を通じて可能だということである。すなわち、主権者教育の「授業づくり」や「プログラムづくり」を越えて、主権者を育む「学校づくり」を考えていくことが、これからの課題ではないか。

たとえばシカゴの場合、ステューデント・ボイス・コミッティーのような学校の問題解決への参加から、サービス・ラーニングのような地域・社会の問題解決への参加まで、幅広い「参加」の機会を提供していた。日本では校則見直しへの生徒参加の実践例も広がり始めているが、シカゴの事例のように、校則に限らず学校づくりにさまざまな形で生徒が関わることもできるはずだ。こうした学校での参加に加え、近年増えつつある地域や社会の問題に取り組む探究学習なども掛け合わせながら展開していくと効果的であろう。

日本の中高生が社会は変わらないと無力感を抱く傾向が指摘されて久しいが、だからこそ生徒が〝自分たちの手で社会をつくっていく〟経験、〝ともに社会を変えていく〟経験を何度も重ねられる環境づくりが求められる。

むろん、こうした実践的な参加の機会だけでなく、社会科などでの教室での学習も重要である。こうした授業は、参加の経験を民主主義や法制度との関連で意味づけたり考察したりすることで、主権者としての参加のありようを深く考える助けになる。またそもそも学校であらゆる政治・社会参加を経験できるわけではなく、実際に経験できないことも含め、視野や世界を広げることも学校教育の大切な役割であろう。

学校づくりという点では、教育課程やプログラムに加え、教室や学校の風土に目が向けられている点も、大切な示唆をもつ。教室において、他の人と意見が違っても、小さな声でも、一人ひとりが安心して意見を言えるような、心理的安全性が確保された「参加」の空間を意識的に、丁寧につくり出していくことが、生徒が自らの意見や参加に価値を感じ、互いの意見を尊重し学び合う民主主義の体験の土台となる。学校風土も同様である。どれだけ授業やプログラムを通じて主権者としての学びや体験を提供しても、日頃の学校生活で意見が聴かれず民主主義からかけ離れた環境であったなら、「どうせ実際は何も変わらない」と不信感や無力感を生みかねないし、主権者としての参加の意欲を削ぐことにもなりかねない。日本の実証研究でも、こうした風土の重要性が明らかにされ始めている[1]。

このように主権者教育の視点での学校づくりは、政治・社会参加に関連した授業、実際の参加を体験し実践する機会、そして、学級や学校の風土など、多層的な取り組みを通じて考えられるのである。

② 主権者教育の「格差」を生まないために ── あらゆる子どもの包摂とエンパワメント

日本でもアメリカでも、しばしば主権者教育は「余裕のある学校が行う」もの、「学力の高い学校だからできる」ものと考えられがちなところがある。しかし、アメリカの議論や研究から示唆されるように、それは結果として主権者教育の「格差」を生んでいるおそれがある。むしろ、政治や社会に参加する意味を感じづらい子どもたちにこそ、主権者教育は一層重要である。

その際大切なのは、生徒の日常生活と政治や社会をつなぐことである。シカゴの公民科の授業もそうした試みの一例であるし、サービス・ラーニングのような活動でも、生徒たちの生活と離れた社会的な課題を扱うのではなく、彼ら自身の問題意識や生活につながるテーマを起点に学習活動を組み立てることが大切であろう。

あわせて、投票だけでない多様な参加の方法を学ぶことも重要である。日本で「主権者教育」というと、選挙での投票に焦点が当てられやすいが、投票は民主主義社会に参加する一つの方法にすぎない。とりわけ社会に無力感を感じている子どもにとって、主権者として社会に意見を届け、参画するさまざまな方法を学べる機会は大切といえる。

加えて、シカゴの事例から得られる示唆は、学校の中でも、たとえば生徒会役員になるような生徒、学力の優秀な生徒だけでなく、多様な生徒が機会を享受できることの大切さや、そのための工夫である。活動を通じてさまざまな生徒を巻き込むことはもちろん、多様な機会が用意されること、そして日常の関わりも含めて声を受け止める環境をつくっていくことなどを通じて、あらゆる子どもの包摂とエンパワメントを目指したい。

③　学校・地域全体での主権者教育を促進する仕組みと連携の構築

アメリカ・シカゴのように、学校や地域ぐるみで主権者教育を推し進めるためには、多様な人たちの連携や協力が不可欠である。シカゴの事例で示唆的な仕掛けの一つに、学校評価への組み込みがある。自分たちの学校は、子どもを主権者として育めているだろうか、あるいはむしろ阻害していないか、どんな取り組みが必要だろうか―そうした観点から、学校の関係当事者が、さまざまな教育活動や学校環境について点検し、立ち返ることで対話が生まれ、主権者教育の視点での学校づくりというビジョンを共有し合う一つの機会になると思われる。

むろん個々の学校単位で取り組みを模索するだけでなく、それを支える環境が大切であることも、シカゴの事例は教えてくれる。教育委員会による積極的な支援はもちろん、ＮＰＯなど多様なアクターとの分厚い連携が、シカゴのような先駆的な取り組みを可能にしていた。日米の環境の違いはあるものの、いかに学校を支えながら地域全体で子どもを主権者として育む環境をつくっていくか、考えていくことが大切であるのは確かであろう。

（古田　雄一）

(2) フランス

① 学校内生徒参加制度の充実

第1には、生徒代表制度が法令によって定められ、各種評議会がつくられていてそれぞれの権限が明確になっているところである。たとえば、学校管理評議会の権限は「学校教育計画の策定、毎年の教育状況に関する報告書の作成、予算・決算、校則の策定」(教育法典R422−16)などと、明確に定められている。

校長が議長をつとめる約30名からなる評議会であるが、生徒代表枠は中学3名、高校5名と定められている(参加メンバーについては教育法典R422−12)。生徒代表は各クラスで担任が担当する時間に選挙されることによって始まるが、筆者が観察したかぎり、「立候補者がでなかった」ことは一度もなかった。高校生活のための評議会の選挙では立候補者によるポスターが作成され、選挙が実質的に行われていた。

日本の生徒会は学習指導要領および同解説によって教育課程上の位置づけをえているが、学習指導要領には「学校行事への協力」と書かれていたりするが、生徒会に何の決定権があるのかは学校の判断となり、権限の範囲は明確化されていない。もちろん、生徒だけで自治的に決定できることには限界がある。たとえば、校則の制定権にせよどこにあるのかが明確ではないことが多く、生徒が校則を変えようと思っても変え方がそもそもわからない、教師に聞いても場合によっては教師もわからない、ということが容易に発生しうる。教職員・生徒・保護者の三者による「校則検討委員会」などの協議会が開催されることはあるが、任意に設置している学校は少ないと言わざるをえない。

② 学校が民主主義を習得する場として機能する条件について

第2に、学校内の民主的な制度が機能する前提があることをあげる。フランスにおいては、代表制度が成立するための前提として、「代表教育」が行われている。特に中学校では入学後に全生徒に代表制度の説明が行われ、その意味や代表の役割（たとえば、クラスの意見を集約するなど）が伝えられる。

フランスでは校則で、生徒の権利保障、実社会と同じく「表現の自由」「結社の自由」「集会の自由」が保障され、それを行使することができている（1991年政令による）。これらの自由は民主主義が正当に機能する前提となるものと、憲法学では説明されることがある。

実際に学校で生徒による貼紙が行われたり、集会や結社が行われたりしている。各学校に「高校生の家」という自治組織がありクラブ活動などが行われていることも、学外にさまざまな高校生団体が存在することも、結社の自由の行使の一環と位置づけられる。

また、教科教育において、社会問題を忌避しない教育が行われていることがある。フランスの社会科系教科教育は、資料（歴史を示す文章、絵、論文、写真、年表、日記など）を分析すること、それを自分の文章にして書くことを中心とする。そのスタイルは小学校の段階では1行程度から始まるとはいえ自分の考えを「書かせる」ことを行う。中学校、高校となるにつれてレベルがアップする。

「教師の言うこと=正解」、という教育ではない。フランスでは一般人のみならず公立学校の教師がデモをすることは珍しいことではない。教師の言うことも「一つの見解」であり、教科教育も自分の見解を構築することが求められている。それぞれが自分の見解をもつべきであり人によって見解が違うのはむしろ当然、という教育風土があると考えられる。

フランスにおいて、社会問題に関心をもって集会やデモを行う高校生も多い。それには、こうした背景があることも考えられる。

③ 学校をこえた生徒会組織について

学校外における生徒参加制度についても、大学区および全国単位で「高校生活評議会」が制度化されており、それぞれ高校生は大学区長、国民教育大臣の前で意見を述べる機会が保障されている。

一方で、日本では1960年12月24日に文部省初等中等教育局長通達「高等学校生徒会の連合的な組織について」によって、生徒会の「連合組織が結成されれば、生徒会活動は、外部の好ましくない勢力によって支配され、学校の指導も及びがたくなることはこれまでの実際例に徴しても明らかであり、それはもはや学校の教育課程の範囲から逸脱しているものといわざるをえません。このような見地から、高等学校生徒会の全国的または地域的な連合組織などを結成したり、それに参加することは、教育上好ましくないと考えます。」と述べられたことがあった。現在でもこの通達は廃止を明言されてはいない。

現在、生徒会連合に関しては、非公式な形ではあるが自主的につくられているものとして、首都圏高等学校生徒会連盟、関西生徒会連盟、兵庫県生徒会連盟、熊本県生徒会連盟などは存在する。「全国高校生生徒会大会」が、一般社団法人生徒会活動支援協会によって開催されていることはある。しかし、生徒会活動に大きな影響をあたえるものとはなっていないと言わざるをえないであろう。また、高校生が教育長や文部科学大臣と関わる機会はきわめて限定されていて、「意見を表明する」機会は制度化されていない。

（大津 尚志）

(3) ドイツ

① 学校における児童・生徒参加の実現 ―― 日本の学校で何に取り組むべきか

ドイツの民主主義教育において、学校では「生活形態としての民主主義」および「社会形態としての民主主義」が重視され、民主主義的行動能力の獲得のための生徒参加の取り組みが実践されている。これに相当する活動を日本で考えてみると、各学級での係活動や学級会活動、学校全体での児童会・生徒会活動など、おもに特別活動で取り組まれている活動とともに、総合的な学習（探究）の時間で取り組まれている活動をあげることができる。しかしながら日本では、これらの活動が主権者教育の視点から捉えられているとは言えない。どちらかと言えば、主権者教育のイメージは模擬投票や特定の政治学習に限られ、まだきわめて狭いものである。ドイツの民主主義教育から考えると、特別活動や総合的な学習（探究）の時間を主権者教育の視点から捉え直すとともに、そこでの児童・生徒参加の実現を図り、意見表明や合意形成などの「民主主義社会を維持し発展させていくための力」を形成するために、民主主義的な体験を得る機会を数多く設けることが必要である。

さらに将来的には、日本においても「子どもの権利条約」等を手がかりに、児童・生徒のもつ権利を明確にしていく必要があり、児童・生徒参加の法制化が実現されることが重要である。上記の活動の中で実際に児童参加・生徒参加による意見表明や合意形成を進める際に、自分たちのもつ権利を意識しながら、さまざまな形で学校づくりに参加するという体験が重要である。権利を行使する体験とともに、責任を負う体験を数多く重ねることで、社会に出てからも活きる民主主義的行動能力を獲得することは、日本の児童・生徒にとっても不可欠である。

しかしながら、かりに児童・生徒参加の法制化が実現したとしても、児童・生徒参加の実態が充実した内容をもっていなければ絵に描いた餅に終わってしまう。児童・生徒参加の法制化を実現するためにも、また児童・生徒参加の法制化を活かすためにも、まずは草の根的に児童・生徒参加の実践が広がることが重要ではないか。たとえば、ドイツの学校会議を参考に言えば、児童会や生徒会で出された提案を教員や保護者も共有し、児童や生徒、教員、保護者がともに意見を表明し合い、合意形成を行うことでその成果を学校づくりに反映させるといった取り組みが可能である。

また、そのためには日頃の学級会やホームルームでの話し合い活動にしっかりと時間をかけて取り組むことが求められる。すべての児童・生徒がクラスメイトの意見をしっかりと聞きながら、自らの意見を表明できる場が数多く必要である。その際、学校生活で生じる身近な問題を取り上げることもできるし、地域で生じている問題あるいは諸外国で生じている問題を取り上げることもできる。児童・生徒の成長段階や日頃の学習内容との関連から多様な選択肢がありうる。

第1章でも示されていたように、高等学校の事例が中心ではあるが、すでに日本においてもドイツの学校会議と類似の生徒参加に取り組む学校は存在している。わずかではあるが、新たに取り組みを始める学校も出てきている。こうした学校の実践事例を積み重ね、そこで何が達成されているのかについて分析し、その成果を広く共有していくことも重要である。

ただし、学校会議のような児童・生徒参加は、答えのない問いに対して学校当事者間において合意形成を図りながら最善の答えを見出そうとする取り組みである。学校当事者、特に児童・生徒が見い出した答えに真摯に応答するために、教員には、ともに答えのない問いに答えを見出そうとする姿勢や児童・生徒が見い出した答えに的確に応答する力量が求められる。教員にとって大きな意識改革や「新たな専門性」の形成が求められる。

私はかつて「新しい専門性」として「自分の考えが正しいと思い込まない力量」、すなわち「正しいと思いこみがちな自己の考えを一旦、自己の外側に置き、改めて他者の考えとつき合わせ、評価できる力量」を指摘した（柳澤 2010：133）。日本の教員にも、答えのない問いに答えを見出すという営みに児童・生徒とともに向かい合うことが求められることとなる。教員自身が意見表明や合意形成の体現者でなければならない。

② 民主主義的な学校文化の形成 ── 日本の学校はどのような空間になるべきか

①であげた児童・生徒参加を実現するために、他方では、学校自体が民主主義的な学校文化を形成することが重要になる。ドイツの民主主義教育では、特定の教科学習における「民主主義を学ぶこと」も重視されていたが、同時に学校生活全体をとおして生徒が「民主主義を生きること」も重視されていた。「民主主義を学ぶ」と「民主主義を生きる」の両者をとおして、生徒の民主主義的行動能力の獲得が目指されていた。その前提として、学校には民主主義的な学校文化を形成することが求められていた。さらに、民主主義的な学校文化を形成するために、学校づくりの指標も開発されており、そのプロセスを示した「民主主義的な学校開発」の取り組みもみられた。

日本において、児童・生徒が「民主主義社会を維持し発展させていくための力」を形成するためには、まずは学校自体が民主主義的な学校文化をもった空間であることが大前提である。第4章でも指摘したように、生徒間で民主主義的な学校文化が共有されるだけでなく、生徒―教員間で民主主義的な学校文化が共有され、さらに教員間で民主主義的な学校文化が共有されていることが求められる。学校という空間全体における、あらゆる人間関係が民主主義的な学校文化のもとに営まれることが不可欠なのである。

日本の学校において民主主義的な学校文化が形成されるためには、すでに存在する学校における意思形成の仕組みや教員の協働の在り方についても、一人ひとりの教員があらためてその関係性を再考しなくてはならない。第4章で指摘したように、生徒に対する取り組みであるとともに、学校を組織する教員にとっても民主主義的な学校文化は不可欠である。日本においても、教員自身がわが身を振り返り、民主主義的な行動であるか否かを顧みなければならない。

③　早い時期からの段階的な能力形成 ── 日本の学校教育でどのように能力形成を進めるか

①で指摘したように、学校生活において数多くの民主主義的な体験を得る機会が重要であるとすれば、一般的には生徒参加が行われる中等教育の学校での取り組みが想定される。たしかにドイツにおいても、1970年代から取り組まれてきた「学校会議」をはじめとする生徒参加は中等教育の学校の生徒を対象としており、日本の小学校1～4年生に相当する基礎学校の生徒は対象外であった。しかしながら2000年代に入り、民主主義教育が始まったことにより、初等教育の学校でも生徒参加が実践されるようになっている。さらには、就学前教育の子どもたちも民主主義教育の対象とされるようになり、現在では幼稚園等の幼児教育機関でも民主主義教育が盛んに実践されるようになっている。

これらから学べることは、日本における子どもたちの主権者教育に関わる能力形成は、早い時期から段階的に形成されるべきであるということである。たとえば、集団や社会に関する関心、集団の中で自らの意見を表明しつつ他者の意見も聞き入れる力、さらには集団の中で適切な合意形成を実現する力などの「民主主義社会を維持し発展させていくための力」は、就学前教育の段階から小学校、中学校、高等学校へと時間をかけて数多くの体験をとおして形成される必要があるからである。そのためには、幼稚園や学校などでの集団生活の場において、年齢に応じて段階的に、多様な形で民主主義的な体験の場を用意する必要がある。

ドイツの民主主義教育では、ヒンメルマンが民主主義の3つの形態をあげ、各学校段階での重点を示し、民主主義教育の枠組みの中で民主主義という複雑な概念をわかりやすく整理していた。これにより、早い時期からの段階的な能力形成の枠組みが形成されていた。翻って日本においても、早い時期からの段階的な能力形成の枠組みを構想する必要がある。高校生になってからの模擬投票も決して無駄ではないが、投票行動ができるようになるだけではなく、地域社会や国家の在り方を深く考え、どのような場面においても民主主義的に行動できる社会の形成者を育成するために、早い時期からの段階的な能力形成が不可欠である。

（柳澤　良明）

(4) ニュージーランド

① 学校運営に対する生徒参加の法定とその体験の蓄積

ニュージーランドにおいては、学校運営に対する生徒参加が1989年教育法以降、現在に至る30年余りにかけて制度化されてきている。主権者を育てるための教育実践活動は、生徒が実際に主権者として学校運営に関与することが制度として規定されることによって、よりよく実現できる。

同時に、生徒たちの自治体験が各学校に蓄積されることの意味は大きい。生徒参加は、それを法定すれば実現するものではない。その意味からも、ニュージーランドにおいては、生徒参加の体験が30年間以上、紆余曲折を経ながらも各学校に蓄積されてきていることの意味は大きい。主権者教育実践と生徒たちによる自治体験の蓄積が、生徒参加の法制度化にともなわなければ、生徒参加制度は機能しない。

②「無視されない権利」としての意見表明権

ニュージーランドにおいては、2020年法により、子どもの意見表明権がより明確に規定されることとなった。無視されない権利（応答を求める権利）として、この「意見を表明する権利」を捉え返していくことができれば、学習権の捉え方を、諸個人間の関係の在り方をも含んだ権利として、拡張させていく可能性が生まれうる。

③　生活現実と結びついた学び

ニュージーランドでも、家庭の経済的文化的状況を反映した学力格差問題は、解決されているわけではない。それでも、第5章でその一部を紹介したとおり、生徒の生活現実と結びつけた学びを教育プログラムとする学校づくりの実践が、いくつかの学校で取り組まれている。

生徒自身の「問い」を大切にした学びが大事にされたカリキュラム改革は、生徒参加の主権者教育にとっても、欠くことのできない要素となっている。

（荒井　文昭）

2 日本への提言

(1) 児童・生徒参加の法制化を見据えた参加実践の拡大

日本への提言の第1は、児童・生徒参加の法制化を見据えた参加実践の拡大である。

各国の提言の中では、たとえば、フランスからの提言に生徒参加制度の充実、権限の明確化があげられていた。またニュージーランドからの提言にも生徒参加の法定があげられていた。同様に、ドイツからの提言にも学校における児童・生徒参加の実現があげられていた。

これらの提言から総じていえることは、学校教育に関する法律の中で生徒の権利が明確に規定されていること、またそうした規程にもとづき生徒参加が法制化されていることが生徒の民主主義的な能力形成にとって重要な意味をもっているということであった。生徒の権利が明確に規定され、生徒参加が法制化されていることで、学校の中に民主主義的な体験を得る場が確保されることが何よりも重要であるといえるからである。

日本においても、民主主義的な能力形成を進めるためには児童・生徒参加の法制化を目指すことを提言する。すでに日本においても「子どもの権利条約」が批准されており、同条約の中には子どもの意見表明権が規定されている。しかしながら、日本において同条約が批准された際には、特段、新たな措置がとられることはなかった。その結果、学校において児童・生徒参加が拡大することはなく、意見表明権が行使されるケースも拡大したとは言えない状況が続いている。こうした状況にある日本において、「子どもの権利条約」を踏まえた児童・生徒参加の法制化を進めることは何よりも重要な目標であるといえる。

しかしながら、仮に児童・生徒参加が何らかの形で法制化されたとしても、児童・生徒参加の実態が存在しなければ、まったく意味をなさないことは言うまでもない。たしかに日本においても児童・生徒参加の法制化を目指すべきではあるが、他方では児童・生徒参加の法制化を見据えた参加実践の拡大が必要である。現実的に考えるならば、まずは法制化を見据えつつ、さまざまな形で児童・生徒参加の実践を拡大していくことが求められるのではないか。これにより、児童・生徒参加の成果が共有され、その理念や意義が広く共有されることで、法律が変わる真の必要性が生まれる。第1章で紹介されたように、すでに日本においても20年以上前から実質的に参加実践を続けている学校が存在する。こうした学校の実践事例から学びながら、数多くの学校で児童・生徒参加の実践が進められていくことが重要である。

他方では近年、さまざまな形で児童・生徒参加の実践が拡大するための環境が整備されつつある。たとえば、改訂版として2022年12月に出された『生徒指導提要』では「校則の運用・見直し」において「児童生徒の参画」という項目が設けられた。この中では、「校則の見直しの過程に児童生徒自身が参画することは、校則の意義を理解し、自ら校則を守ろうとする意識の醸成につながります。また、校則を見直す際に児童生徒が主体的に参加することは、学校のルールを無批判に受け入れるのではなく、自身がその根拠や影響を考え、身近な課題を自ら解決するといった教育的意義を有するものとなります」（文部科学省2022：103）と述べられ、児童・生徒参加が奨励されている。こうした流れと関連して、すでに校則改正への児童・生徒参加に取り組む学校や自治体が出てきている。こうした流れの中で、さらなる参加実践の拡大が期待される。

(2) 学校全体で取り組む民主主義的な能力形成

日本への提言の第2は、学校全体で取り組む民主主義的な能力形成である。

各国の提言の中では、たとえば、アメリカからの提言に「授業づくり」から「学校づくり」へ、フランスからの提言に民主主義の習得の場としての学校、ドイツからの提言に民主主義的な学校文化の形成、早い時期からの段階的な能力形成があげられていた。

これらの提言から総じて言えることは、特定教科の学習によってではなく、あらゆる教科の学習によって、あるいは教科学習だけでなく、学校内のあらゆる活動によって民主主義的な能力形成がなされる必要があること、その際には学校全体が民主主義的な学校文化を有している必要があること、さらにはこうして取り組まれる能力形成は幼い時期から時間をかけて積み重ねていく必要があること、そのためには段階的な能力形成の構想が必要になること、である。

日本においても、社会科等の特定の教科で扱う内容であるといった認識で取り組むのではなく、広く民主主義的な能力形成に関わるという認識のもとで取り組む必要があるのではないか。主権者教育に関わる能力形成を狭く捉えてしまえば、地方議会選挙や国政選挙のための教育になってしまう。かりに投票率が高くても、民主主義社会を脅かすような政党が躍進した場合はどうなるのか。たとえばドイツでは、２０２１年9月のドイツ連邦議会選挙において国民全体の投票率は76・6％、18~20歳の若者の投票率に限ってみても70・5％と比較的高い投票率であった。しかしながら同時に、外国人排斥を掲げる極右政党が躍進していることが危惧されている。その背景には、「自由の敵に自由なし」のスローガンに示されるように、「自由な民主主義的基本秩序」（freiheitliche demokratische Grundordnung）に反する政党を認めない、「戦う民主主義」（wehrhafte/streitbare Demokratie）の理念がドイツの憲法に当たる基本法（Grundgesetz）に盛り込まれているためである。言うまでもなく、日本とドイツでは国家の基本法制が異なるとはいえ、こうしたドイツの状況を見ると、民主主義社会にとって単に投票率が高いだけでは十分ではないことがわかる。たしかに投票率を高めることは重要ではあるが、問題は、国民一人ひとりがどのような社会をつくっていけばよいと考えているのかという社会観であり、そのために政治に何を求めるのかという政治観である。まさに民主主義社会をどのように築いていくのかという、相互理解、寛容、連帯、共存のありようが問われている。学校教育の中でこうしたことに気づき、考えるための体験をどれだけ豊かにもつことができるかが問われている。

言いかえれば、学校教育の中でいかに豊かな民主主義的な体験をもつことができるのかが問われているのであり、これは日本の児童・生徒にとってもきわめて重要な課題である。こうした意味合いから、学校において児童・生徒にこうした体験を提供するために、学校自体が民主主義的な学校文化を有した空間になること、また年齢に応じた体験を数多くの機会から得ることができるよう、段階的な能力形成を構想することが求められる。

(3) 学校外での児童・生徒参加の促進とその支援

日本への提言の第3は、学校外での児童・生徒参加の促進とその支援である。各国の提言の中では、たとえば、アメリカからの提言に学校・地域全体で促進する仕組みと連携、「格差」を生まないための取り組み、フランスからの提言に学校外（大学区・全国単位）の生徒参加制度があげられていた。

これらの提言から総じて言えるのは、学校外においても学校での民主主義的な能力形成を促進し支援するための取り組みが求められ、可能な限り緊密に学校と連携・協働することが求められるということである。言いかえれば、実際に社会で生じている問題や課題を取り上げながら児童・生徒がその解決に携わることによって、社会の現実を学びながら学校で得た知識や体験を活かして活動していくことができる環境を整える必要があるということである。

もちろん、学校においても児童・生徒の身近で生じている問題や課題を取り上げ、児童・生徒参加により、その解決に取り組むことはできる。しかし、こうして得た経験やそこで身につけた力をさらに活かすために、また実社会で生じている問題や課題に関心を向けるためにも、学校外での児童・生徒参加は不可欠であり、そのためには学校と連携・協働する関係機関によって児童・生徒が豊かな民主主義的な体験を得るための支援が必要である。

この点についても現在、日本において少しずつ環境が整いつつある。たとえば、こども基本法の第11条には「国及び地方公共団体は、こども施策を策定し、実施し、及び評価するに当たっては、当該こども施策の対象となるこども又はこどもを養育する者その他の関係者の意見を反映させるために必要な措置を講ずるものとする。」との条文が盛り込まれ、子ども施策に対する子ども等の意見の反映が行われることとなった。こうして地域において子どもの意見反映の機会が増えていくことで、実際に社会で生じている子どもの問題や課題への関心がさらに高まることが期待される。

また、こども家庭庁設置法の第3条第1項には「こども家庭庁は、心身の発達の過程にある者（以下「こども」という。）が自立した個人としてひとしく健やかに成長することのできる社会の実現に向け、子育てにおける家庭の役割の重要性を踏まえつつ、こどもの年齢及び発達の程度に応じ、その意見を尊重し、その最善の利益を優先して考慮することを基本とし、こども及びこどものある家庭の福祉の増進及び保健の向上その他のこどもの健やかな成長及びこどものある家庭における子育てに対する支援並びにこどもの権利利益の擁護に関する事務を行うことを任務とする」との文言が盛り込まれており、子どもの意見の尊重に向けて、こうした形でも環境が整えられつつある。

以上、これら3つの提言をとおして、日本の児童・生徒が民主主義的な能力形成を進めることが必要であると考える。言うまでもなく諸外国の取り組みを直接、日本にもち込むことには慎重にならなければならない。しかし、諸外国の取り組みにヒントを得て、そのエッセンスを日本へ向けて発した提言である。日本のこれからの取り組みを考える手がかりとして受け止めていただき、我々の提言を吟味しつつ、それぞれの立場で実現に向けて取り組みを進めていただければありがたい。

（柳澤　良明）

【注】

⑴　太田昌志「中学生・高校生の政治関心と意見表明抑制の規定要因――管理的な学校教育、家庭教育の経験による政治的社会化――」『早稲田大学大学院教育学研究科紀要』別冊28号―2、2021年、119―125頁ほか。

【参考文献】

・文部科学省（2022）『生徒指導提要』。

・柳澤良明（2010）「『新しい専門性』へ向けて」柳澤良明編著『学校変革12のセオリー』学事出版、131―138頁。

表 各国における生徒参加による主権者教育に相当する取り組みの比較

	アメリカ	フランス	ドイツ	ニュージーランド	日本
1. 概念	公民教育／市民性教育	市民性教育	民主主義教育	学校自治とその協同	主権者教育
2. 取り組みの背景	民主主義の伝統と危機（若年層の参加の低下や社会的分断など）	「共和国の価値の共有」が学校の使命 移民の増加	民主主義の危機（極右主義、外国人敵視、政治嫌い、等）	行きすぎた新自由主義的政策に対する学校間協同導入の試み	18歳選挙権導入に伴う若者の投票率等の向上
3. 取り組みの理念	民主主義社会に参加する市民の育成	市民の育成	民主主義的行動能力の獲得	学校を基礎とした経営(1989年法)から学校自治協同(2020年法)への転換	主権者意識の向上
4. 児童・生徒の活動の場	公民科・社会科を中心に学校全体	学級評議会 学校管理評議会 高校生活評議会 大学区高校生活評議会 全国高校生活評議会	学校教育全体 ・教科学習（各教科） ・プロジェクト学習 ・学級会・学校会議 ・地域社会（学校外） cf.成人教育、学校外教育においても取り組みあり	学校理事会（中等学校の生徒がいる場合）	社会科・公民科での模擬選挙、模擬議会 ごく一部の学校で ・三者協議会 ・学校フォーラム ・二者会議
5. 児童・生徒の活動の範囲	教科学習（公民科・社会科を科中心に） 教科外活動（生徒会活動、地域活動等）	教科学習（道徳・市民を中心に）教科外活動（学内選挙、クラブ活動など）	教科学習 教科外活動（生徒会活動、学校行事等）	人事・予算・カリキュラムなどの学校管理運営に、生徒代表理事として参加	教科学習（社会科・公民科・探究）教科外活動（生徒会活動、その他特別活動）
6. 児童・生徒の活動の方法	学校の問題解決への生徒参加 地域・社会の問題解決への生徒参加	学校内の選挙に立候補、投票 各種の評議会に参加	学校により多様、おもに生徒参加を主体としたプロジェクト学習や体験活動	生徒代表を選出し、選出された理事は学校理事会に参加（中等学校以上の場合）	三者協議会や校則検討委員会のある学校では校則や授業などの改善に参加できる
7. 取り組みの関係者	核となる実践を担当する教員を中心に全教員	全教員 生徒指導専門員 校長	全教員（社会科の教員に限らない）地域住民その他の関係機関等	保護者代表、校長、教職員代表、地域住民代表、中等学校以上の場合は生徒代表	社会科・公民科の教員 生徒会・部活動などの担当教員

おわりに

本書では、生徒参加による主権者教育について、アメリカ、フランス、ドイツ、ニュージーランドの取り組みを手がかりに提言を試みた。読者の皆様方におかれては、我々の提言をどのように受け止められたであろうか。

あるテーマにアプローチする際に採られる手法の一つに国際比較がある。本書においても、「世界の実践に学ぶ」と題して4カ国の取り組みを手がかりに日本への提言を試みた。もちろん、世界には数多くの国々があり、同じテーマであっても、手がかりとする国や地域が異なれば、異なる提言がなされたことであろう。本書の提言は、執筆メンバーが関心をもって研究を進める4カ国の取り組みに影響を受けており、その点では限定的な提言であることを自覚している。しかし同時に執筆メンバーは、これからの日本の進むべき道を考える上で有益な観点を析出できたのではないかと自負している。日本において新たな取り組みを生み出す契機になればと強く期待している。

本書は、執筆に参加した5名のメンバーによる共同研究の成果である。宮下与兵衛先生のお声かけにより、2017年9月に5名による共同研究「生徒参加による主権者教育に関する日米仏独の比較研究」(研究代表者:宮下与兵衛)として科学研究費補助金・基盤研究(C)の申請を行った。幸いにも採択され、2018年度より3年間にわたる共同研究がスタートした。まだコロナ前であったこともあり、当たり前のように、メンバーが勤務する大学の会議室に集まり、研究の構想を練った。そして、まずはアメリカ調査から、ということで日程が合うメンバーでアメリカ調査を実施した（なお、我々のアメリカ調査に際して、当時、シカゴに留学されていた久保園梓さん（現筑波大学特任研究員）にはたいへんお世話になりました。この場をお借りして感謝申し上げます）。とても有益な調査となり、次年度はフランスとドイツへの調査を計画し、実施直前まで漕ぎつけた。しかし、その矢先に新型コロナウイルスの感染拡大により、やむなく調査を見送らざるを得なくなった。メンバーは皆、少し経てばまた調査が再開できるものと期待したが、結局、なかなか再開できないまま時間だけが過ぎて行った。採択された科学研究費補助金は2度の研究期間の延長（計2年間）が認められたものの、２０２２年度で研究を終わらせざるを得なくなった。

しかし、この間にメンバーは各自、精力的に研究を進め、その成果をもとに、「はじめに」でも述べたように、「月刊高校教育」誌において２０２０年4月号から２０２２年3月号までの計24回にわたる連載を行った。さらに最終的な研究成果を２０２２年8月に開催された日本教育学会第81回大会のラウンドテーブルにおいて「生徒参加による主権者教育に関する国際比較 ―― 日本への提言に向けて ――」とのテーマのもとに発表した。本書は、連載原稿を骨格にしながら、日本教育学会での発表および討議を盛り込みながら加筆したものである。この場をお借りして、連載をお読みいただいた読者の方々、ラウンドテーブルに参加し、討議の際に有益なご発言をいただいた学会員の方々に心よりお礼を申し上げたい。

コロナ禍にあっては、連載、学会発表、そして本書の編集に際して、zoomでのミーティングを幾度となく開催し、Google Driveも活用しながら意見交流を進めることができた。皮肉なことに、場合によればコロナ前に予定したよりも頻繁にミーティングを開催できたかもしれない。事前に資料を送り合い、できるだけ効率的に進めることができるよう準備を進めながら、重要な点についてはは十分に時間をかけながら議論を交わすことができた（ただ、ミーティングの後に夜の街に繰り出せなかったことが悔やまれる）。

執筆メンバーは、まだしばらくは、関連する別のテーマで共同研究を続ける予定である。本書に関するご意見や本書の提言にもとづく実践などがあれば、ぜひ執筆メンバーにお知らせいただきたい。本書で示した提言を日本において実現させるためにも、やるべきことはまだ山ほどある。本書をお読みいただいた方々からの声を大切な素材として、さらに研究を前に進めて行きたい。

２０２３年３月

柳澤良明

【執筆者紹介】

［第５章・第６章］

荒井　文昭（あらい・ふみあき）

東京都立大学人文社会学部教授

1959年、埼玉県生まれ。1991年東京都立大学大学院人文科学研究科満期退学、2006年博士（教育学）。2011年より現職（2020年より大学名称変更）。著書に『教育管理職人事と教育政治』（大月書店）『教育の自律性と教育政治』（大月書店）等。

［はじめに・第１章・第６章］

宮下　与兵衛（みやした・よへえ）

東京都立大学特任教授

1953年、長野県生まれ。2013年、東京大学大学院教育学研究科博士課程単位取得退学。1976年より長野県立高校教諭。2013年より首都大学東京（都立大学）特任教授。著書に『学校を変える生徒たち』（かもがわ出版）、『高校生の参加と共同による主権者教育』（かもがわ出版）等。

［第３章・第６章］

大津　尚志（おおつ・たかし）

武庫川女子大学学校教育センター准教授

1968年、京都府生まれ。1999年東京大学教育学研究科博士課程満期退学、中央学院大学商学部講師等を経て2021年より現職。著書に『校則を考える』（晃洋書房）、『だれが校則を決めるのか』（岩波書店・共著）等。

［第４章・第６章・おわりに］

柳澤　良明（やなぎさわ・よしあき）

香川大学教育学部教授

1962年、千葉県生まれ。1993年、筑波大学大学院博士課程教育学研究科単位取得退学。1994年、博士（教育学）取得。1996年、香川大学助教授。2007年より現職。著書に『ドイツ学校経営の研究』（亜紀書房）、編著書に『学校変革12のセオリー』（学事出版）等。

［第２章・第６章］

古田　雄一（ふるた・ゆういち）

筑波大学人間系助教

1987年、東京都生まれ。2019年、筑波大学大学院人間総合科学研究科修了。博士（教育学）。2022年より現職。著書に『現代アメリカ貧困地域の市民性教育改革』（東信堂）、『校則が変わる、生徒が変わる、学校が変わる』（学事出版・共編著）等。

※所属は2023年3月現在。

世界に学ぶ
主権者教育の最前線
—生徒参加が拓く民主主義の学び—

2023年3月14日　初版第１刷発行

著　者　荒井　文昭・大津　尚志・
　　　　古田　雄一・宮下　与兵衛・
　　　　柳澤　良明
発行人　安部　英行
発行所　学事出版株式会社
　　　　〒101-0051
　　　　東京都千代田区神田神保町1-2-5
　　　　電話　03-3518-9655
HPアドレス　https://www.gakuji.co.jp

編集担当　二井　豪
デザイン　田口亜子
印刷・製本　電算印刷株式会社

乱丁・落丁本はお取り替えします。

ISBN 978-4-7619-2908-4　C3037　Printed in Japan